JN496770

영한대역

유진오닐

Eugene O'Neill

단막극

Eugene O'Neill 지음

조용재 옮김

신아사

머리글

미국 드라마는 17~19세기에 걸쳐 유럽의 예술적 도덕적 판박이의 굴레를 벗어나지 못하고 있었으며, 20세기에 들어서야 미국 드라마의 면모를 갖추기 시작했다. 이러한 미국 드라마의 20세기 전반기 대표적 작가로는 유진 오닐과 손턴 와일더를 들 수 있으며, 20세기 후반기 대표적 작가로는 테네시 윌리암스, 아서 밀러, 에드워드 올비, 샘 쉐퍼드가 있다.

특히 유진 오닐(1888-1953)은 미국 드라마를 미국의 독자적인 드라마로 자리매김하는데 크게 기여를 하였으며, 또한 그는 미국 드라마가 세계 드라마의 주도적 역할을 하도록 이끈 장본인이다. 그리고 그는 그의 극『수평선 너머』(1920),『애나 크리스티』(1921),『이상한 막간극』(1928),『밤으로의 긴 여로』(1956)로 총 4회에 걸친 퓰리처상을, 그리고 1936년에는 노벨문학상을 수상하였다.

오닐은 이처럼 퓰리처상과 노벨문학상을 수상한 극들 외에도 많은 장막극들을 썼고 그러한 장막극들이 늘 비중 있게 다루어지고 있지만, 그와 동시에 그의 단막들도 극작가 오닐을 논함에 있어서 결코 소홀히 되어서는 안 된다.

오닐의 단막극들은 그의 작품시기를 5기로 분류할 때, 제1기와 제2기 사이에 주로 쓰였다. 그의 최초의 단막극은 1914년『갈증과 기타의 단막극들』이란 제목으로 발표한『갈증』,『거미줄』,『경고』,『무모』,『안개』이다. 이어서 1917년과 1918년 사이에 나온『글렌케언 호(號)의 극들』에 실린 4편의 단막극들, 즉『카디프를 향해 동쪽으로』,『긴 귀향항로』,『위험지역에서』,『카리브 섬의 달』이 있다. 그리고 이외에도,『고래』,『십자가 표시가 있는 곳』, 『지푸라기』와 같은 극들과, 그가 죽은 뒤 1958년에야 빛을 보게 된 『노예상태』, 『낙태』 등이 있다.

이 책은 『글렌케언 호(號)의 극들』 중 하나인 『카디프를 향해 동쪽으로』와, 마찬가지로 동일 기간에 나온 『고래』, 그리고 『십자가 표시가 있는 곳』 세 단막극들을 영한 대역의 형태로 수록하였다. 모쪼록 많은 독자들이 이 책을 활용하여 유진 오닐의 단막극의 작품세계를 이해하고, 나아가 원문으로 연극을 공연하는데 도움이 될 수 있기를 염원한다.

2014년 3월

신용서실에서

차례

작가 소개

1. 유진 오닐(1888-1953)

유진 오닐(Eugene O'Neill)은, 그가 임종 순간에 주먹을 불끈 쥐고 내뱉은 말이자 그의 비문(碑文)이 된 "호텔방에서 태어나—맙소사—호텔방에서 죽다!"라는 표현처럼, 그야말로 일생 동안 끝없는 방랑의 삶을 살았던 작가이다.

오닐은 오랫동안 유럽의 예술적 도덕적 판박이의 굴레를 벗어나지 못하고 있던 미국 드라마를 세계 드라마를 주도하는 자리로까지 끌어올린 장본인이다. 실로 독자적이며 순수한 미국 드라마는 바로 그로부터 시작되었다고 해도 과언이 아니다. 그의 작품은 그의 두드러진 독창성과 그러한 재능에 작용한 외부 세계의 지적 환경의 영향을 잘 나타내 주고 있다. 그에게 영향을 미친 당시의 외부 세계의 지적 환경을 세 가지 요인으로 집약할 수 있는데, 첫째는 시어디어 드레이져(Theodore Dreiser), 셔우드 앤더슨(Sherwood Anderson), 싱클레어 루이스(Sinclair Lewis), H. L. 멘켄(H. L. Mencken) 등을 배출한 드라마 이외의 향토적 문학혁명이고, 둘째는 좀 때늦은 감은 있지만 헨릭 입센(Henrik Ibsen)과 그의 뒤에 나온 유럽 극작가들의 영향이며, 셋째는 오닐 자신이 함께 시작한 「소극장」 운동이다.

1888년 뉴욕의 어느 호텔 방에서 유랑 극단을 이끌고 미국 전역을 누비고 다니던 아버지 제임스 오닐(James O'Neill)과 독실한 가톨릭 신자인 어머니 엘라 퀸란 오닐(Ella Quinlan O'Neill) 사이에 태어난 오닐은 어쩌면 태어날 때부터 삶의 참뜻을 찾아 헤매는 영원한 나그네의 운명이었는지도 모른다. 아버지 제임스는 셰익스피어 연극배우로 출발하였다가 극단의 존속을 위한 상업적 이유로 당시에 인기를 끌었던 낭만적 멜로드라마인 『몬테 크리스토 백작』(*The Count of Monte Cristo*)의 주역으로 평생을 지내게 되어 심한 좌절감에 싸여 있었다. 어머니는 배우인 남편을 따라다니는 끝없는 유랑에 지쳐있었고 더구나 그 사이 둘째 아들까지 잃게 되자 그 죄책감으로 몰핀 중독자가 되어 현실의 괴로움을 잊고 있었으며, 오닐은 그러한 양친을 따라 극장의 무대 뒤를 전전하면서 어린 시절을 보냈으니 그 우울한 분위기가 훗날 그의 성격과 작품을 물들인 비극적 경향의 배경이 되고 있다.

학령에 이르자 오닐은 여기저기 가톨릭 기숙사 학교를 다녔지만, 정처 없는 유랑에서 이제는 가족과 떨어져 있게 되어 그의 고독감은 더욱 심화되기에 이른다. 이즈음 어머니의 몰핀 중독을 알게 된 그는 후일 『끝없는 나날』(*Days Without End* 1933)에서 밝히고 있듯이 기도를 통하여 어머니를 구하려 하였으나 그 시도가 무위로 돌아가자 그는 그때까지의 소박한 "사랑과 자비의 신"이 "복수와 징벌의 신"으로 바뀌어 가는 것을 느끼면서 마침내 신앙을 버리고 다니던 가톨릭 학교마저 그만두게 된다. 그리하여 종교와 인습에 대한 공공연한 반항을 시작한 그는 열네 살에 비종파적이며 자유롭고 실제적인 동부의 가장 훌륭한 예비학교의 하나인 베츠 아카데미(Betts Academy)에 들어가게 되고 거기서 비로소 물을 만난 고기처럼 공부와 사색과 활동에 마음껏 활개를 펴게 된다. 가정적인 분위기 속에서 개성과 능력의 개발에 목적을 둔 이 학교에서의 4년간의 생활은 정처 없던 그에게 고향과도 같았으며 또한 평생을 두고 유일하게 알찬 고등교육과정이 되기도 하였다.

그 뒤에 프린스턴 대학에도 1년을 다녔지만 심한 장난 때문에 정학을 당하고 뉴욕에 나와 잠시 동안 우편주문 판매점에서 일하기도 하였으며, 이 무렵 알게 된 유명한 무정부주의자 벤자민 터커(Benjamin Tucker)의 소개로 프리드리히 니체(Friedrich Nietzsche)를 탐독하고 심취하게 된다. 그러다가 그의 본래의 반항적인 기질이 발동하고 또한 그가 읽었던 잭 런던(Jack London), 조셉 콘래드(Joseph Conrad), 루디야드 키플링(Rudyard Kipling)의 영향도 있어 그는 온두라스에서 금광을 캐는 일을 위해 1909년 샌프란시스코에서 첫 항해를 떠난다. 물론 여기에는 결국 그의 첫 부인이 된 캐슬린 젠킨스(Kathleen Jenkins)와의 사이를 떼어놓으려는 아버지 제임스의 계략도 들어 있었지만 어찌되었든 그렇게 시작된 항해가 그의 방랑 기질에 불을 붙여 온두라스에서 여섯 달을 지낸 뒤 뉴욕으로 돌아와 다시 노르웨이 배를 타고 이번에는 본격적인 선원으로서 부에노스아이레스까지 가게 된다. 부에노스아이레스에서 영국 배를 타고 뉴욕으로, 뉴욕에서 다시 미국 배를 타고 대서양을 건너 영국으로 가서 뉴욕으로 되돌아온 것이 1911년이니 부에노스아이레스와 뉴욕 부둣가에서의 술과 허기와 싸구려 여인숙의 참담한 하루살이 생활을 포함한 2년 동안의 선원 생활의 경험이 훗날 45편의 작품 가운데서 전적으로 또는 부분적으로 바다의 얘기를 다룬 작품이 13편이나 되고 바다에 관계된 인물을 주인공으로 다룬 작품이 6편이나 되는 풍요한 열매를 맺게 하는 밑거름이 된다.

뉴욕으로 돌아온 그는 닥치는 대로 이일 저일 하다가 마침내는 아버지 제임스의 극단에서 단역을 맡아 잠시 동안 극단을 따라 전전하게 된다. 1912년 캐슬린(Kathleen)과 이혼하고 같은 해에 뉴런던의 신문 텔리그래프지(Telegraph 誌)의 기자 겸 칼럼니스트로 일하게 되며 그해 말에는 폐병을 앓게 되어 이듬해에 5개월 동안 요양원 신세를 지게 된다. 이 5개월은 방황하고 파괴하는 자에서 창조하는 자로 오닐의 인생의 양상을 근본적으로 바꾸어 놓는 크나 큰 전환점이 된다. 그는 강요된 이 무위의 생활 속에서 여태까지 그렇게도 그가 피해 다녔던 자신과의 대면을 하지 않을 수 없게 되고 또한 집중적인 독서를 통해 베데킨트(Wedekind), 스트린드베리(Strindberg), 입센은 물론 마르크스(Marx), 크로포트킨(Kropotkin)에 이르기까지 광범한 섭렵을 할 수밖에 없게 되었던 것이다. 그리하여 요양원에서 나와 회복기에 접어든 한 해 동안에 그는 비로소 첫 단막극 7편을 쓰게 된다. 이 작품들로 아버지의 인정을 받은 그는 1914년 하버드 대학에서 유명한 조지 피어스 베이커(George Pierce Baker) 교수의 극작 강좌를 수강하게 된다.

1915년 여름 매사추세츠 주의 프로빈스타운에 휴가 온 일단의 그리니치 빌리지(Greenwich Village) 연극인들이 마침 그곳에 살고 있던 오닐을 알게 되어 다음 해 여름 그 곳의 어물창고를 개조한 임시 극장에서 그의 단막극 『카디프를 향해 동쪽으로』(*Bound East for Cardiff* 1916)를 공연한 것을 계기로 그는 다시 극장으로 되돌아오게 된다. 같은 해인 1916년 가을 이 프로빈스타운 그룹은 뉴욕으로 옮겨가 마구간을 개조한 소극장 프로빈스타운 플레이하우스(Provincetown Playhouse)를 열고 1924년까지 『카리브 섬의 달』(*The Moon of the Caribbees*), 『긴 귀항 항로』(*The Long Voyage Home*), 『위험지역에서』(*In the Zone*)와 같은 그의 거의 대부분의 단막극의 공연은 물론 『황제 존스』(*The Emperor Jones* 1920), 『털보 원숭이』(*The Hairy Ape* 1922), 『신의 아이들은 모두 날개가 있다』(*ALL God's Chillun Got Wings* 1924)와 같은 장막극의 초연도 도맡아 하게 된다. 이 무렵 뉴욕에서 그는 단편소설 작가인 아그네스 볼턴(Agnes Boulton)을 만나게 되어 1918년 그의 두 번째 결혼을 한다. 이리하여 이미 뉴욕에서 인정을 받기 시작한 오닐은 1920년 그의 작품으로서는 브로드웨이의 첫 공연인 『수평선 너머』(*Beyond the Horizon*)의 대성공으로 퓰리처상을 받는다. 1920년에서 1922년 사이에 그의 작품 활동이 봇물처럼 터져『황금』(*Gold*),『애나 크리스티』(*Anna Christie*),『황제 존스』(*The Hairy Ape*),『차이』(*The Different*),『최초의 인간』(*The First Man*),『털보 원숭이』,『샘』(*The Fountain*)과 같은 무려 7편의 장막극을 완성하게 된다.

1920년엔 아버지 제임스가, 1922년에는 어머니 엘라가, 그리고 그 이듬해인 1923년엔 그의 어두운 인생관에 커다란 영향을 미친 형 제이미(Jamie)가 차례로 죽어간다. 작가인 아내와의 결혼생활도 그의 신작『결합』(*Welded* 1923)에 반영되어 있듯이 긴장과 피로의 연속이었다. 1924년 그의 사생활을 위협하는 뉴욕의 사교계를 버리고 가족과 함께 버뮤다로 은신한 그는『백만장자 마르코』(*Marco Millions*)와『위대한 신 브라운』(*Great God Brown*)두 편을 쓰기 시작하고 이듬해인 1925년엔 그의 외딸 우우나(Oona)를 낳게 된다. 아그네스(Agnes)와의 사이에는 이미 1920년에 낳은 셰인(Shane)이라는 아들이 하나 있었다. 1928년 그는『라자루스가 웃었노라』(*Lazarus Lauged*)와『이상한 막간극』(*Strange Interlude*)을 발표하고 1929년 미국으로 돌아와 예일대학에서 명예박사 학위를 받는다. 이어서 그는 아그네스와 이혼하고 1922년『털보 원숭이』의 공연 연습에서 처음 만난 여배우 카를로타 몬테레이(Carlotta Monterey)와 1929년 파리에서 결혼하고 뚜르(Tour)의 외딴 섬에서 정착하게 된다. 거기서 3부작『상복이 어울리는 엘렉트라』(*Mourning Becomes Electra*)를 집필한 그는 1931년 그의 작품의 공연을 위해 미국으로 돌아올 때까지 그곳에 머물게 된다. 미국에 돌아온 그는 1934년 소유욕과 물질주의에 병든 미국의 가족의 역사를 다룬 일종의 연쇄극(cycle drama)인『자아를 상실한 가진 자들의 이야기』(*A Tale of Possessors Self-dispossessed*)를 쓰기 시작하였으나 완성하지 못하고 그 중에서『시인 기질』(*A Touch of the Poet* 1935-1942)과『더욱 장엄한 저택』(*More Stately Mansions* 1953)의 두 편만을 남겼을 뿐이다. 1936년 8월 오닐은 노벨 문학상을 받게 되지만 그 뒤로 1943년까지는 오랜 병환과 육신의 부자유와 싸우면서 그의 마지막 대작들을 발표하게 된다. 『얼음장수 오시다』(*The Iceman Cometh* 1939), 『밤으로의 긴 여로』(*Long Day's Journey into Night* 1941)와 『잘못 태어난 자를 비추는 달』(*A Moon for the Misbegotten* 1943)과 같은 이 시기의 작품들은 모두 침울하고 숨김없는 그의 과거에의 회고들이라 하겠다. 1943년 이후 계속 악화된 건강으로 말미암아 오닐은 1953년 11월 마침내 보스턴의 한 호텔에서 영면하게 된다.

오닐은 정녕 미국이 낳은 가장 중요한 극작가 중 한 사람임에 틀림이 없을 것이다. 그는 다른 미국 극작가들과는 달리 현대생활을 다루면서도 그 속에 고전적 비극의 효과를 성취하려는 집념에 찬 시도로 일관하였다. 그러한 목적을 추구하기 위하여 그는 오히려 현대사회의 사회적, 정치적 여건들이나 풍습의 독특한 특징들에 대한 비판 따위는 아랑곳하지 않았다. 그는 분명히 위대한 드라마는 반드시 인간과 신과의 관계, 아니면 인간과 인간 이외의 힘과의 관계를 다루어야 한다는 소신을 관철한 금세기 최고의 독보적 극작가의 하나임이 명백하다고 하겠다.

2. 연대기

1888 Eugene Gladstone O'Neill born October 16 in New York City.

1895-1900 To Mount Saint Vincent, Catholic boarding school.

1902-1906 To Betts Academy, Stamford, Connecticut.

1906-1907 To Princeton University.

1909 Married Kathleen Jenkins. "Prospecting" in Honduras.

1910 Son, Eugene Gladstone O'Neill, Jr., born. Sailed for Buenos Aires.

1911 Sailor and beachcomber.

1912 Divorced from Kathleen Jenkins. Reporter on New London Telegraph. To "Gaylord Farm," tuberculosis sanitarium, December 24, for six months.

1913 Copyrighted first plays: *A Wife for a Life*, and *The Web*.

1914 To Baker's Dramatic Workshop, Harvard. Published first book: *Thirst, and Other One-Act Plays*.

1916 To Provincetown. First plays produced there: *Bound East for Cardiff* and *Thirst*. November: *Bound East for Cardiff* produced in New York.

1917 *The Long Voyage Home*, and other plays, produced.

1918 Married Agnes Boulton.

1919 Son, Shane O'Neill, born.

1920 First full-length play, *Beyond the Horizon*, produced in New York, February; won Pulitzer Prize. Father, James O'Neill, died in August. *The Emperor Jones*, November.

1921 *Anna Christie*, second Pulitzer Prize play.

1922 Mother, Ellen Quinlan O'Neill, died. *The Hairy Ape*.

1923 Brother, James O'Neill, Jr., died.

1924 *All God's Chillun Got Wings*. *Desire Under the Elms*.

1925 Oona O'Neill born. *The Fountain*.

1926 *The Great God Brown*.

1927 *Marco Millions* published, April. *Lazarus Laughed*, November.

1928 *Strange Interlude*, third Pulitzer Prize play. Traveled in the Orient.

1929 *Dynamo*. Divorced from Agnes Boulton. Married Carlotta Monterey in France. Lived at Le Plessis.

1931 *Mourning Becomes Electra.*

1932 Built "Casa Genotta," Sea Island, Georgia.

1933 *Ah, Wilderness!*

1934 *Days Without End.*

1936 Won Nobel Prize for Literature. Ill health.

1937 Built "Tao House," Danville, California.

1939 Wrote *The Iceman Cometh.*

1940 Began writing *Long Day's Journey Into Night.*

1943 Finished writing *A Moon for the Misbegotten.*

1945 Returned to New York.

1946 *The Iceman Cometh* produced.

1950 Eugene O'Neill, Jr., died.

1953 Eugene Gladstone O'Neill died, November 27, Boston.

1956 *The Iceman Cometh* revived: record run of 565 performances. *Long Day's Journey Into Night* produced; fourth Pulitzer Prize play.

1957 *A Touch of the Poet.*

작품 세계 및 작품 해설

1. 작품 세계

유진 오닐의 작품은 끊임없는 실험의 연속이었다. 문체도 하나로 일관하지 않고 여러 문체를 두루 시도하였으며, 철학도 하나가 아닌 여러 철학을 다루었다. 말하자면 그는 1915년에서 1930년 사이에 일어난 여러 지적 운동이 낳은 거의 모든 연극 형식을 다 실험해 보았다고 해도 과언이 아니다. 가령 『수평선 너머』의 자연주의를 비롯하여, 『황제 존스』의 상징주의, 『차이』의 프로이트 학설, 『털보 원숭이의』의 표현주의, 사회문제극인 『신의 아이들은 모두 날개가 있다』, 『위대한 신 브라운』의 가면 사용, 『이상한 막간극』의 독백과 의식의 흐름의 수법, 성서극인 『라자루스가 웃었노라』, 『상복이 어울리는 엘렉트라』의 희랍신화, 『얼음장수 오시다』와 『밤으로의 긴 여로』의 모든 극적 속임수나 무대 기구 사용의 배제에 이르기까지 실로 그 형식은 다양하기 이를 데 없다. 이와 같은 실험은 흔히 타고난 특기인 성격묘사를 흐리게 하기도 하지만 그의 뛰어난 무대 효과의 재능과 합쳐 어쩌면 하찮게 되어 버렸을지도 모를 소재로 훌륭한 드라마를 만들어 내기도 하였다. 그러나 그의 작품들 가운데서 세월의 시련을 이겨낸 작품들은 거의 대부분이 성격 묘사가 두드러진 사실적 드라마들임은 두말할 나위도 없다.

(1) 중요한 주제

① 자연 환경의 냉혹함이라 하겠는데 대개는 바다나 뉴잉글랜드의 황량한 자연을 다루고 있다. 말하자면 자연은 인간을 시험하여 그를 철저하게 폭로하거나 그의 실상을 확대시킨다는 생각이다.
② 물질주의와 원초적인 형태의 부에 대한 인간의 탐욕이다.
③ 가장 성공한 주제로서 인간의 정체(identity)의 문제, 말하자면 인간의 외관 아래 숨겨져 있는 진정한 자아(true self)를 찾는 문제라 하겠다.

(2) 작품 시기

① 제1기: 습작 시기

이 시기의 작품은 그가 세상에 내어 놓기를 꺼려하여 사장된 경우가 많다. 1914년『갈증과 기타의 단막극들』(*Thirst, and Other One-Act Plays*)이란 제목으로 발표한『갈증』(*Thirst* 1916),『거미줄』(*The Web* 1913-14),『경고』(*Warnings* 1913-14),『무모』(*Recklessness* 1913-14),『안개』(*Fog* 1917)와, 그가 죽은 뒤 1958년에야 햇빛을 보게 된『노예상태』(*Servitude* 1913-14),『낙태』(*Abortion* 1913-14) 등 도합 열편 안팎의 단막극들이 이 시기에 속한다.

② 제2기: 극작가로서 인정을 받기 시작한 시기

주로 바다를 주제로 한 단막극을 내어 놓았는데 당시에는 순수한 사실주의로 간주되었으나 최근에는 낭만적 특질에다 감상적인 면까지 가미되어 있는 것으로 풀이되고 있다.『글렌케언 호(號)의 극들』(*S. S. Glencairn Plays*)이란 제목으로 발표된 네 편의 단막극 즉 죽어가는 선원의 얘기인『카디프를 향하여 동쪽으로』(*Bound East for Cardiff* 1916), 집으로 돌아가려는 선원의 꿈이 부두가의 술집에서 산산조각이 나버리는『긴 귀향항로』(*The Long Voyage Home* 1917), 태업과 파괴 분자로 고발된 선원의 신상 비화가 폭로되는『위험지역에서』(*In the Zone* 1917), 카리브해안의 어느 항구에서의 요란한 술타령인『카리브 섬의 달』(*The Moon of the Caribbees* 1918)과, 고래 기름에 미쳐버린 선장의 얘기인『고래』(*Ile* 1917), 황금에 눈이 어두워 아버지와 아들이 함께 파멸해가는『십자가 표시가 있는 곳』(*Where the Cross is Made* 1918)과 같은 작품들이 이 시기에 속한다.

③ 제3기: 세계드라마의 주도적인 작가로서의 전성기

1920년에서 1924년 사이에 나온 장막극들이 이에 속한다. 그간에 단막극으로 솜씨를 닦은 오닐은 우선 첫 장막극『수평선 너머』(*Beyond the Horizon* 1920)로 퓰리처상을 받게 된다. 이 작품은 인간의 꿈이 '배후의 힘'(Force behind)이라는 불가항력 때문에 파멸되고 마는 숙명론적인 연극이라 하겠다. 그는 사랑이 폐병으로 죽어가는 젊은 여인의 목숨을 구할지도 모른다는 지푸라기 같은 희망을 다룬『지푸라기』(*The Straw* 1921)와, 앞에서 언급한『황금』(*Gold*)같은 작품들을 낸 뒤, 매춘부의 구원을 다룬『애나 크리스티』로 다시 퓰리처상을 받게 된다. 그가 사실주의에서 벗어나서 쓴 첫 작품이 표현주의적이며 상징주의적인『존스 황제』라 하겠다. 미신과 공포의 충격에서 인간이 붕괴되어 가는 과정을 그린 이 드라마는 어느 웨스트 인디언 섬의 정글 속에서 벌어진다. 인간의 정체(identity) 문제를 다룬『차이』와『최초의 인간』을 낸 뒤 오닐은 순수 표현주의 연극『털보 원숭이』를 발표하였다. 표현주의란 인간의 마음 상태를 그대로 무대 위에 표현하는 기법으로 사건을 정상적인 방관자의 객관적인 눈으로 표현하지 않고 사건 속에 휘말려든 참가자의 왜곡된 눈을 통해 본 그대로 표현하는 것이다. 이 극도 경박한 물질주의와 기계화된 문명에 뿌리 뽑힌 인간정체의 상실과 그로 인해 소속을 잃은 현대인의 소외감을 표현주의 기법으로 철저하게 파헤치고 있다. 이어서 그는 서로 미워하고 아귀같이 다투면서도 헤어지지 못하는 극작가와 여배우의 결혼생활을 다룬 스트린드베리 스타일의 드라마『결합』과, 흑인 남편과 백인 아내가 서로 상대편 종족 속에서 자신의 정체를 찾는 흑백 혼인을 다룬『신의 아이들은 모두 날개가 있다』, 평생을 '젊음의 샘'(Fountain of Youth)을 찾다가 신비스런 계시로 자신의 삶과 운명을 되찾고 죽어가는 주인공을 그린『샘』(*The Fountain* 1925)을 계속 내어 놓았다. 이 시기의 작품 가운데서 가장 훌륭한 작품은 그의 진정한 비극 중의 하나인『느릅나무 밑의 욕망』이다. 이것은 청교도 정신이 기반을 이루는 19세기 뉴잉글랜드의 시골 농장을 배경으로 사랑과 육욕과 물욕이 뒤얽힌 엄격하게 사실주의적인 극이다. 저녁노을에 시작하여 아침노을에 끝나는 이 극은 농가(農家)를 감싸고 있는 느티나무를 비롯한 여러 상징들과 더불어 작가의 깊은 인간애가 스며있어 이른바 절망적인 희망(hopeless hope)의 여운을 남겨 주는 대표적인 예라 하겠다.

④ 제4기: 범우주적인 시기

1925년부터 10년 동안에 나온 여덟 편의 작품이 이에 속한다. 거창한 문제들과 과장되리만큼 이상주의적인 개념들을 흔히 엄청난 길이의 장편 속에 담아내는 이들 작품은 또한 무대 효과에 의존하는 경우가 많은 것이 특징이다.『백만장자 마르코』는 마르코 폴로라는 인물을 중심으로 서방의 물질주의와 세계의 여러 종교사이의 불합리한 논쟁을 비난하는 삽화적인 풍자극이다.『위대한 신 브라운』은 또 하나의 실험극으로서 주인공인 디온 앤소니(Dion Anthony)의 내면생활과는 정반대되는 외면의 공적 생활을 가면을 사용하여 정신분석학적으로 파헤치고 있다.『이상한 막간극』은 오닐에게 세 번째 퓰리처상을 안겨준 일종의 정신분석학적 연구라 하겠다. 이른바 의식의 흐름 기법을 도입하여 방백과 독백으로 등장인물의 생각과 동기를 관중에게 전달해 주는 이 극은 신경증세가 있는 여주인공 니나 리즈(Nina Leeds)의 남성 편력을 파헤치고 있다. 『발전기』(*Dynamo* 1929) 또한 『이상한 막간극』과 마찬가지로 방백과 의식의 흐름의 기법을 사용하여 전통적인 종교에 대한 신앙이 상실된 자리에 인간이 대신 세운 그릇된 신들을 다루고 있는 상징적인 극이라 하겠다. 『상복이 어울리는 엘렉트라』는 아이스킬로스(Aeschylus)의 3부작 『오레스테이아』(*Oresteia*)를 바탕으로 한 남북전쟁 뒤의 뉴잉글랜드를 무대로 펼쳐지는 3부작이다. 옛 희랍 전설을 현대 가정에 적용하여 프로이트 식으로 번안 각색한 이 드라마는 간통과 모친살해와 근친상간의 얘기를 엮어 가면서 집안이 몰락해 가는 과정을 파헤치고 있다. 『아, 황야여』(*Ah, Wilderness* 1933)는 어린 시절에 대한 향수적인 회상을 담은 다분히 자서전적인 희극으로서 16세의 리차드 밀러(Richard Miller)를 중심으로 그의 사춘기적인 고뇌와 지식의 탐구와 현실세계의 경험을 통한 성장 과정을 다루고 있으며, 『끝없는 나날』은 가면을 사용한 자신의 악의 분신(the alter ego)에 의해 파멸로 이끌려 간 주인공 존 러빙(John Loving)이 마침내 그리스도를 통해 새 삶을 얻는다는 줄거리로서 다분히 오닐의 어린 시절의 신앙생활을 반영하고 있다 하겠다.

⑤ 제5기: 1935년 이후의 마지막 시기

오닐이 비록 건강 때문에 많은 작품들을 내지는 못했으나 그의 생애에서 가장 훌륭한 작품들을 썼던 시기라 하겠다. 이 시기에는 무대효과를 위한 실험들은 볼 수 없고 다시 순수 사실주의로 되돌아가고 있다. 『얼음장수 오다』는 이 시기의 작품 가운데서 유일하게 그의 생전에 공연된 작품으로서 싸구려 술집에 기생하는 낙오자들의 패배감과 환상, 절망과 과대망상을 포근한 인간애로 감싸고 있다. 『밤으로의 긴 여로』는 오닐에게 네 번째의 퓰리처상을 안겨준 마지막 대작이다. 그 자신의 어린 시절을 바탕으로 하여 고통을 받는 가족을 그린 이 극은 1912년 8월 어느 날 안개에 덮인 타이론가(Tyrone家)에서 벌어지는 약 18시간 동안의 고통스런 하루의 생활을 다룬 자서전적 작품이다. 이 하루 동안에 이 집안 식구들은 저마다 자신의 실패와 죄악을 직면하게 되고 좌절감과 공허감 속에 하루를 마무리하게 된다. 『잘못 태어난 자를 비추는 달』은 자서전적인 『밤으로의 긴 여로』의 속편 격으로 오닐의 친형 제이미의 얘기를 바탕으로 하고 있다. 이 밖에도 뉴잉글랜드의 한 고가 (古家)인 하트퍼드(Hartford) 집안의 역사를 기록한 11편의 연쇄극으로 계획된 『자아를 상실한 가진 자들의 이야기』 가운데 『시인 기질』(*A Touch of the Poet*)과 『더 욱 장엄한 저택』(*More Stately Mansions*)의 두 편이 남아 있는데, 이 극들은 물질적인 이득 추구가 빚어내는 파괴적인 힘을 표현하고 있다.

2. 작품 해설

유진 오닐의 단막극들은 그의 작품시기를 5기로 분류할 때, 제1기인 습작시기와 제2기인 극작가로서 인정을 받기 시작한 시기에 주로 쓰였다. 그의 최초의 단막극은 1914년 『갈증과 기타의 단막극들』(*Thirst, and Other One-Act Plays*)이란 제목으로 발표한 『갈증』(*Thirst* 1916), 『거미줄』(*The Web* 1913-14), 『경고』(*Warnings* 1913-14), 『무모』(*Recklessness* 1913-14), 『안개』(*Fog* 1917)이다.

오닐은 주로 바다를 주제로 한 단막극을 내놓았는데 당시에는 순수한 사실주의로 간주되었으나 최근에는 낭만적 특질에 감상적인 면이 가미되어 있는 것으로 평가되고 있다. 동일한 인물들이 장면을 바꾸어 등장하는 『글렌케언 호(號)의 극들』(*S. S. Glencairn Plays*)은 4편의 단막극, 즉 죽어가는 선원의 얘기인 『카디프를 향해 동쪽으로』(*Bound East for

Cardiff 1918), 집으로 돌아가려는 선원의 꿈이 부두가의 술집에서 산산조각이 나버리는 『긴 귀향 항로』(*The Long Voyage Home* 1917), 태업과 파괴 분자로 고발된 선원의 신상 비화가 폭로되는 『위험지역에서』(*In the Zone* 1917), 카리브해안의 어느 항구에서의 요란한 술타령인 『카리브 섬의 달』(*The Moon of the Caribbees* 1918)로 구성되어 있다. 이 극들에 나타난 핵심 주제는 환상이다. 각각의 극에는 환상과 현실 사이의 갈등이 표출된다. 이 갈등의 중심부에는 자신의 환상을 유지하기 위해 고군분투하는 주인공이 있다. 『카디프를 향해 동쪽으로』와 『긴 귀향 항로』에서는 동료 선원들이 주인공으로 하여금 그가 그의 환상을 유지하도록 도와주고 있고, 반면 『카리브 섬의 달』과 『위험지역에서』에서는 그들이 주인공의 환상을 파괴하는 역할을 한다.

오닐의 단막극은 이외에도, 고래 기름에 미쳐 버린 선장의 이야기인 『고래』(*Ile* 1917), 황금에 눈이 어두워 아버지와 아들이 함께 파멸해 가는 『십자가 표시가 있는 곳』(*Where the Cross is Made* 1918), 사랑이 폐병으로 죽어가는 젊은 여인의 목숨을 구할지도 모른다는 지푸라기 같은 희망을 다룬 『지푸라기』(*The Straw* 1921)와 같은 극들과, 그가 죽은 뒤 1958년에야 빛을 보게 된 『노예상태』(*Servitude* 1913-14), 『낙태』(*Abortion* 1913-14) 등이 있다.

오닐의 초기 바다와 관련한 해양극들의 경우, 극중 주인공들은 두 가지 상반된 형태로 묘사된다. 하나는 바다의 변화와 역경이 없이 평화와 안정이 보장된 육지를 동경하는 인물들이며, 다른 하나는 육지의 모든 단조로움과 틀에 박힌 일상성을 탈피하여 낭만적인 모험과 발견을 추구할 수 있는 바다를 동경하는 인물들이다. 따라서 바다와 육지의 각각의 몽상가들은 상대가 자신의 이상을 소유하고 있다고 생각하며 양자는 현실로부터 벗어나 이상세계로의 도피를 추구한다. 『카디프를 향해 동쪽으로』의 주인공 양크, 『고래』의 키니 부인, 『십자가 표시가 있는 곳』의 냇 바틀렛 모두 전자에 해당하는 인물로, 바다를 증오하고 육지를 선호하는 공통점을 가지고 있으며, 그 가장 두드러진 예로서 “일평생을 마른 땅위에서 머물며 집이 딸린 농장에서 소, 돼지, 닭을 기르면서 살면 얼마나 끝내줄까. 바다 냄새도 안 나고 배도 안 뵈는 멀리 떨어진 육지 한 복판에서 말이야. 아내가 있고 애들도 있어서 일이 끝나고 저녁식사를 마치고 밤에 같이 놀 수 있으면 멋질 거야.”라는 양크의 대사에서 확인할 수 있다.

『카디프를 향해 동쪽으로』에 등장하는 ‘안개’는, 오닐의 주장에 따르면, 운명, 신, 우리의 현재를 창조하는 생물학적 과거를 의미하는, 운명의 신비로운 힘인 ‘배후의 힘’(Force behind), 즉 ‘인생을 비극적으로 만드는 인지할 수 없는 힘’에 해당하며, 현실 세계를 불투명한 막으로 덮는 혼돈, 갈등, 위축, 부정, 어둠, 그리고 절망의 상징이 되고 있다. 그리고 이 극에서 중상으로 죽어가는 양크가 그의 동료 드리스콜에게 ‘죽음’에 대해, “난 죽을 거야, 그렇게 되겠지. 빠르면 빠를수록 좋아!” 그리고 “너무 심하게 받아들이지 말게, 드리스콜. 죽는다는 게—사람들이 생각하는 것처럼 그렇게 나쁜 건 아닐 거야. 난 결코 목사들의 설교를 많이 들어본 적이 없네. 종교라는 걸 가져본 일도 없었고. 그렇지만 사후(死後)의 세계가 어떻게 생겼든지 간에 이보다는 더 나쁘지 않을 거라고 알고 있지.”라고 말함으로써 ‘죽음’이 ‘죽기를 소원함’(death-wish)의 형태로 나타나고 있는데, 비평가 드라이버(T. F. Driver)는 “오닐의 죽음에 대한 태도는 죽음에 대한 두려움, 죽음에 대한 낭만적 사랑, 그리고 죽음에 대한 태연한 체념으로 분류될 수 있으며, 오닐은 후자의 두 경우를 결합함으로써 죽음에 대한 두려움을 일소했다”(120)고 주장하고 있다. 드라이버에 의하면 ‘죽기를 소원함’은 그 두 번째의 태도에 해당하는 것으로, 죽음은 위안이자 구원이다. 오닐의 극에서 소속과 평화는 죽음의 부산물이며, 삶은 그 대조적 특성인 소외와 고뇌에 의해서 특징 지워지기 때문에 죽음은 형벌이 아니라 보상이 되고 있음을 알 수 있다.

유 진 오 닐

Eugene O'Neill

단막극

카디프를 향해 동쪽으로

고래

십자가 표시가 있는 곳

BOUND EAST FOR CARDIFF

『카디프를 향해 동쪽으로』

CHARACTERS

YANK

DRISCOLL

COCKY

DAVIS

SCOTTY

OLSON

PAUL

SMITTY

IVAN

THE CAPTAIN

THE SECOND MATE

등장인물

양크

드리스콜

콕키

데이비스

스코티

올슨

폴

스미티

이반

선장

이등항해사

SCENE. The seamen's forecastle of the British tramp steamer[1] Glencairn on a foggy night midway on the voyage between New York and Cardiff. An irregular-shaped compartment, the sides of which almost meet at the far end to form a triangle. Sleeping bunks about six feet long, ranged three deep with a space of three feet separating the upper from the lower, are built against the sides. On the right above the bunks three or four port-holes can be seen. In front of the bunks, rough wooden benches. Over the bunks on the left, a lamp in a bracket. In the left foreground, a doorway. On the floor near it, a pail with a tin dipper. Oilskins are hanging from a hook near the doorway.

The far side of the forecastle is so narrow that it contains only one series of bunks.

In under the bunks a glimpse can be had of sea-chests, suitcases, sea-boots, etc., jammed in indiscriminately.

At regular intervals of a minute or so the blast of the steamer's whistle can be heard above all the other sounds.

Five men are sitting on the benches talking. They are dressed in dirty patched suits of dungaree, flannel shirts, and all are in their stocking feet. Four of the men are pulling on pipes and the air is heavy with rancid tobacco smoke. Sitting on the top bunk in the left foreground, a Norwegian, PAUL, is softly playing some folk-song on a battered accordion. He stops from time to time to listen to the conversation.

1) tramp steamer: 부정기 화물선

영국 부정기 화물선 글렌케언호(號)의 선실. 뉴욕과 카디프 사이를 항해 중인 안개 낀 밤. 불규칙한 모양의 방. 방의 양측 벽이 저쪽 끝에서 거의 닿아 삼각형을 이룬다. 6피트 가량의 침대들이 위에서 아래로 3피트의 공간을 두고 벽에 붙어 있다. 침대들 위 우측에 둥근 창이 서너 개 보인다. 침대들 앞에는 거칠게 만든 나무 벤치들이 있다. 받침대에 놓인 등불이 침대 우측 위에 있다. 좌측 전면에 출입구가 있다. 출입구 근처 마루에 주석 국자가 담긴 들통(원통형 용기)이 있다. 방수복들이 출입구 근처 걸이에 걸려있다.

선실 저편은 너무 좁아서 침대가 단지 한 줄만 있다.

잠시 침대 밑을 보면 선원용 사물함, 트렁크, 선원용 장화 등이 분간 못할 정도로 쑤셔 넣어져 있다.

일 분 정도 간격으로 규칙적으로 나는 화물선의 기적소리가 다른 모든 소리를 능가하여 들린다.

다섯 명의 선원들이 얘기를 하면서 벤치에 앉아 있다. 그들은 더럽고 꿰맨 거친 무명천 바지에 플란넬 셔츠를 입고 있는데 모두 양말을 신고 있다. 네 사람은 파이프를 피우고 있는데 공기가 고약한 담배연기로 가득하다. 정면 좌측의 맨 위 침대에 앉아서 노르웨이인 폴이 망가진 아코디언으로 어떤 민요를 부드럽게 연주하고 있다. 가끔 대화를 듣기 위해 정지한다.

In the lower bunk in the rear a dark-haired, hard-featured man is lying apparently asleep. One of his arms is stretched limply over the side of the bunk. His face is very pale, and drops of clammy perspiration glisten on his forehead.

It is nearing the end of the dog-watch—about ten minutes to eight in the evening.

COCKY. (*a weazened runt of a man. He is telling a story. The others are listening with amused, incredulous faces, interrupting him at the end of each sentence with loud derisive guffaws*) Makin' love to me, she was! It's Gawd's[1] truth! A bloomin' nigger! Greased all over with cocoanut oil, she was. Gawd blimey, I couldn't stand 'er[2]. Bloody old cow, I says; and with that[3] I fetched 'er a biff on the ear[4] wot[5] knocked 'er silly[6], an'—(*He is interrupted by a roar of laughter from the others.*)

DAVIS. (*a middle-aged man with black hair and mustache*) You're a liar, Cocky.

SCOTTY. (*a dark young fellow*) Ho-ho! Ye werr neverr in New Guinea in yourr life[7], I'm thinkin'.

---

1) Gawd's: God's
2) 'er: her
3) with that: 그러고는 바로
4) fetcha biff on the ear: (주먹으로) ~의 귀를 갈기다
5) wot: (英 비표준 흔히 유머) what(글에서 어떤 인물이 아주 비격식적인 영어를 쓰고 있음을 나타내기 위해 what 대신에 씀)
6) knock ~ silly: ~를 멍한 (바보 같은) 상태로 만들다
7) Ye werr neverr in New Guinea in yourr life → You were never in New Guinea in your life

후면 맨 밑의 침대에 검은 두발에 인상이 좋지 않은 남자가 분명히 자고 있는 듯이 누워있다. 한 쪽 팔이 침대 옆으로 축 늘어져 있다. 얼굴이 매우 창백하고 끈적끈적한 땀방울이 이마에서 반짝인다.

때는 반당직(半當直 dog-watch)이 끝날 무렵—밤 8시 10분 경.

콕키 (*쭈글쭈글한 왜소한 선원. 그가 이야기를 하고 있는 중이다. 다른 선원들이 재미있게 그리고 믿을 수 없다는 얼굴로 듣고 있고, 그의 말 끝마다 그들의 크게 조롱하는 웃음이 그를 방해한다.*): 그 여자가 나한테 반했다니까! 정말이야! 지독한 깜둥이였지! 온몸에 코코넛 기름을 발랐어. 맙소사, 그년을 견뎌 낼 수가 없었다니까. 소 같은 년, 아, 그러고는 바로 나는 주먹으로 그년의 귀를 갈겨서 그년을 멍한 상태가 되게 만들었지, 그리고—(*그의 말이 다른 선원들의 요란한 웃음 때문에 중단된다.*)

데이비스 (*검은 두발과 콧수염을 가진 중년 남자*): 거짓말 마, 콕키.

스코티 (*검은 피부의 젊은 청년*): 호-호! 아직 뉴기니에 가본적이 없나보군.

OLSON. (*a Swede with a drooping blond mustache—with ponderous sarcasm*) Yust tink of it! You say she wass a cannibal, Cocky?[1)]

DRISCOLL. (*a brawny Irishman with the battered features of a prize-fighter*) How cud ye doubt ut, Ollie?[2)] A quane av the naygurs she musta been surely.[3)] Who else wud think herself aqual to fallin' in love wid a beauthiful, divil-may-care rake av a man the loike av Cocky?[4)] (*A burst of laughter from the crowd.*)

COCKY. (*indignantly*) Gawd strike me dead if it ain't true, every bleedin' word of it. 'Appened[5)] ten year ago come Christmas.

SCOTTY. 'Twas a Christmas dinner she had her eyes on[6)].

DAVIS. He'd a been a tough old bird[7)].

---

1) Yust tink of it! You say she wass a cannibal, Cocky? → You must think of it! You say she was a cannibal, Cocky?
2) How cud ye doubt ut, Ollie? → How could you doubt it, Olson?
3) A quane av the naygurs she musta been surely. → A queen of the negros she must have been surely.
4) Who else wud think herself aqual to fallin' in love wid a beauthiful, divil-may-care rake av a man the loike av Cocky? → Who else would think herself equal to falling in love with a beautiful, devil-may-care rake of a man the like of Cocky? *devil-may-care: 명랑 쾌활한 *the like of: ~와 같은 사람 (것)
5) 'Appened → happened
6) have one's eyes on: …에 눈독을 들이다, …을 탐하고 [욕심내고] 있다
7) old bird: (익살) 조심성이 많은 사람, 신중한 노련가

올슨 (*늘어진 금발의 콧수염을 한 스웨덴인—진중하게 비꼬아서*): 좀 생각을 해보게! 그 여자가 식인종이라고 했지, 콕키?

드리스콜 (*프로 권투선수 같이 울툭불툭하게 생긴 억센 아일랜드인*): 의심할 거 뭐있어, 올슨? 검둥이의 여왕이었음에 틀림없지. 그렇지 않고서는 누가 감히 콕키 같은 미남이요, 명랑 쾌활한 한량하고 사랑에 빠질 수 있을까? (*선원들의 웃음이 터진다.*)

콕키 (*화가 나서*): 거짓이면 천벌을 받지. 내 한 마디 한 마디가 사실 그대로야. 십년 전 크리스마스 이야기.

스코티: 그년이 자넬 크리스마스 때의 식사로 삼으려고 눈독을 들였어.

데이비스: 이 친구 고기는 거칠고 질길 거야.

DEISCOLL. 'Tis lucky for both av ye ye escaped; for the quane av the cannibal isles wad a died av the bellyache the day afther Christmas, divil a doubt av ut.[1] (*The laughter at this is long and loud.*)

COCKY. (*sullenly*) Blarsted fat-'eads! (*The sick man in the lower bunk in the rear groans and moves restlessly. There is a hushed silence. All the men turn and stare at him.*)

DRISCOLL. Ssshh! (*In a hushed whisper*) We'd best not be talkin' so loud and him tryin' to have a bit av a sleep. (*He tiptoes softly to the side of the bunk*) Yank! You'd be wantin' a drink av wather, maybe? (*YANK does not reply. DRISCOLL bends over and looks at him*) It's asleep he is, sure enough. His breath is chokin' in his throat loike wather gurglin' in a poipe. (*He comes back quietly and sits down. All are silent, avoiding each other's eyes.*)

COCKY. (*after a pause*) Pore devil! It's over the side for 'im, Gawd 'elp 'im.[2]

DRISCOLL. Stop your croakin'! He's not dead yet and, praise God, he'll have many a long day yet before him.

---

1) 'Tis lucky for both av ye ye escaped; for the quane av the cannibal isles wad a died av the bellyache the day afther Christmas, divil a doubt av ut. → It is lucky for both of you escaped; for the queen of the cannibal isles would have died of the bellyache the day after Christmas, devil a doubt of it.

2) Pore devil! It's over the side for 'im, Gawd 'elp 'im. → Poor devil! It's over the side for him, God help him. *go over the side: 무단히 배[기지]를 떠나다, 탈주하다

드리스콜: 자네 둘이 다 도망쳤으니 다행이야. 왜냐하면 분명히 식인종의 섬들에 사는 그 여왕은 크리스마스 다음날 복통으로 죽었을 것이기 때문이지. (*이 말에 길고 요란한 웃음.*)

콕키 (*무뚝뚝하게*): 이 경칠 놈들아! (*후면 맨 밑의 침대에 있는 병자가 신음소리를 내며 불안하게 몸을 움직인다. 갑자기 침묵이 흐른다. 모두 돌아서 그를 물끄러미 바라본다.*)

드리스콜: 쉬! (*소리죽인 속삭임으로*) 너무 큰 소리로 떠들지 않는 것이 좋아. 저 친구가 잠을 좀 자려고 하니까. (*그는 발끝걸음으로 가만히 침대 곁으로 간다.*) 양크! 물을 마시고 싶지? (*양크는 대꾸하지 않는다. 드리스콜은 허리를 구부리고 그를 본다.*) 분명 자는 모양이야. 숨소리가 물이 파이프 속에서 걸렁걸렁 하듯이 막혀버린 것 같아. (*그는 조용히 돌아와서 앉는다. 모두 상호간의 눈을 피하여 침묵을 지킨다.*)

콕키 (*잠시 후*): 불쌍한 친구야! 가엽게도, 수장(水葬)을 치러야겠어.

드리스콜: 닥쳐! 아직 죽지 않았어. 하느님의 은총으로, 아직도 오래 살 수 있을 거야.

SCOTTY. (*shaking his head doubtfully*) He's bod[1), mon, he's verry bod.

DAVIS. Lucky he's alive. Many a man's light woulda[2) gone out after a fall like that.

OLSON. You saw him fall?

DAVIS. Right next to him. He and me was goin' down in number two hold to do some chippin'. He puts his leg over careless-like and misses the ladder and plumps straight down to the bottom. I was scared to look over for a minute, and then I heard him groan and I scuttled down after him. He was hurt bad inside, for the blood was drippin' from the side of his mouth. He was groanin' hard, but he never let a word out of him.

COCKY. An' you blokes remember when we 'auled 'im in 'ere? Oh, 'ell, 'e says, oh, 'ell[3)—like that, and nothing else.

OLSON. Did the captain know where he iss[4) hurted?

COCCKY. That silly ol' josser! Wot the 'ell would 'e know abaht anythink?[5)

1) bod → bad
2) woulda → would have
3) 'auled 'im in 'ere? Oh, 'ell, 'e says, oh, 'ell → hauled him in here? Oh, hell, he says, oh, hell
4) iss → is
5) That silly ol' josser! Wot the 'ell would 'e know abaht anythink? → That silly old josser! What the hell would he know about anything?

스코티 (*의심스럽게 머리를 흔들며*): 심한 병이야, 심해.

데이비스: 살아 있으니 다행이야. 저렇게 떨어지고 나면 대개 죽게 되는데.

올슨: 떨어지는 걸 봤나?

데이비스: 바로 저 친구 옆에 있었거든. 나하고 둘이서 녹을 닦으러 제2번 선창에 내려가고 있었어. 딴전을 보다 발을 헛디뎌 사다리를 놓치고 그대로 밑바닥으로 떨어지고 말았어. 잠시 동안도 그 광경을 보는 것이 두려웠고, 그리고 저 친구의 신음소리가 들리기에 뒤를 따라 허겁지겁 내려갔지. 속을 몹시 다친 듯이 입 가장자리에서 피가 흐르지 않겠어. 심하게 신음소리를 냈는데도 말은 한 마디도 안하더군.

콕키: 우리가 저 친구를 이리로 끌고 왔을 때의 기억이 나나? "오 빌어먹을," "오 빌어먹을," 라고만 할 뿐 그밖에 아무 말도 안했단 말이야.

올슨: 어디를 다쳤는지 선장은 아나?

콕키: 그 바보 같고 늙어빠진 놈이? 그 놈이 알긴 뭘 알아?

SCOTTY. (*scornfully*) He fiddles in his mouth wi'[1)] a bit of glass.

DRISCOLL. (*angrily*) The divil's own life ut is to be out on the lonely sea wid nothin' betune you and a grave in the ocean but a spindle-shanked, gray-whiskered auld fool the loike av him.[2)] 'Twas enough to make a saint shwear[3)] to see him wid his gold watch in his hand, tryin' to look as wise as an owl on tree, and all the toime he not knowin' whether 'twas cholery or the barber's itch was the matther[4)] with Yank.

SCOTTY. (*sardonically*) He gave him a dose of salts[5)], na doot[6)]?

DRISOOLL. Divil a thing he gave him at all, but looked in the book he had wid him, and shook his head, and walked out widout sayin' a word, the second mate afther him no wiser himself, God's curse on the two av thim[7)]!

---

1) wi' → with
2) The divil's own life ut is to be out on the lonely sea wid nothin' betune you and a grave in the ocean but a spindle-shanked, gray-whiskered auld fool the loike av him. → The devil's own life it is to be out on the lonely sea with nothing between you and a grave in the ocean but a spindle-legged, gray-whiskered old fool the like of him.
3) shwear → swear
4) all the toime he not knowin' whether 'twas cholery or the barber's itch was the matther → all the time he not knowing whether it was cholera or the barber's itch was the matter
5) a dose of salts: *like a dose of salts: (영비격식) 재빠르게, 매우 간단히
6) na doot (he): doesn't (he)
7) afther him no wiser himself, God's curse on the two av thim → after him no wiser himself, God's curse on the two of them

스코티 (*멸시하듯이*): 놈은 유리조각을 저 친구 입에 넣으려고 들 거야.

드리스콜 (*화를 내서*): 외로운 바다로 나오다니 불쌍한 인생이야. 우리하고 바다 속 무덤 사이에 저 빼빼 마른 다리에다 잿빛 구레나룻을 기른 늙은 머저리 같은 놈밖에 없다니 말일세. 번번이 양크가 콜레라에 걸렸는지 습증에 걸렸는지도 모르면서 금시계를 손에 차고 마치 나무 위에 도사리고 앉은 부엉이 모양 현명한 체하는 꼴을 본다면 성인들도 욕할 거야.

스코티 (*비꼬아서*): 양크에게 소화제나 주었겠지.

드리스콜: 주긴 뭘 줘. 가지고 온 책을 들여다보더니 머리를 흔들고는 한마디 말도 없이 나가버렸어. 못나기로 선장보다 2등을 가라면 섭섭할 이등항해사가 뒤따라 다녔어. 두 놈에게 저주가 있기를!

COCKY. (*after a pause*) Yank was a good shipmate, pore beggar[1]. Lend me four bob in Noo Yark, 'e[2] did.

DRISCOLL. (*warmly*) A good shipmate he was and is, none better. Ye said no more than the truth, Cocky. Five years and more ut is since first I shipped wid him, and we've stuck together iver[3] since through good luck and bad. Fights we've had, God help us, but 'twas only when we'd a bit av drink taken, and we always shook hands the nixt mornin'. Whativer was his was mine, and many's the toime I'd a been on the beach[4] or worse, but for him. And now— (*His voice trembles as he fights to control his emotion*) Divil take me if I'm not startin' to blubber loike an auld woman, and he not dead at all, but goin' to live many a long year yet, maybe.

DAVIS. The sleep'll do him good. He seems better now.

OLSON. If he wud eat something—

DRISCOLL. Wud ye[5] have him be eatin' in his condishun? Sure it's hard enough on the rest av us wid nothin' the matther wid our insides to be stomachin' the skoff on this rusty lime-juicer[6].

---

1) pore beggar → poor beggar!: 가엾어라!
2) Noo Yark, 'e → New York, he
3) stick together iver → stick together ever *stick together: 옆에 바싹 다붙다, 함께 뭉치다 [단결하다]
4) many's the toime I'd a been on the beach → many's the time I'd have been on the beach *be on the beach: (선원 등이) 실직하다; 곤궁하게 되다
5) Wud ye → Would you
6) the skoff on this rusty lime-juicer → the scoff on this rusty lime-juicer *lime-juicer: (美속어) 영국 배, 영국수병, 영국인

콕키 (*잠시 후*): 양크는 참 좋은 선원이야. 가엽기도 하지. 뉴욕에서 나한테 4실링을 빌려줬어.

드리스콜 (*다정하게*): 과거에도 그리고 지금도 좋은 선원이야. 더 좋은 선원은 없을 거야. 자네 말이 정말 옳아, 콕키. 저 친구랑 배를 탄지가 벌써 5년 남짓 되는데 운이 좋을 때나 나쁠 때나 늘 함께 했지. 싸움도 했으니, 불쌍하기도 하지. 하지만 술을 마셨을 때만 그랬어. 다음날 아침엔 늘 악수를 했고. 저 친구 물건이 무엇이든 그것은 내 꺼였어. 저 친구가 없었다면 벌써 난 실직하거나 더 나쁜 어떤 것이 되었을 거야. 그런데 이젠—(*감정을 억제하느라 목소리가 떨린다.*) 이제 할머니처럼 엉엉 울고 있으니 꼴이 아니지. 저 친군 전혀 죽지 않았고 아마도 오래 살는지도 모르지.

데이비스: 저 친구에게는 잠이 보약일 거야. 지금은 나은 것 같은데.

올슨: 뭔가를 먹을 수 있으면—

드리스콜: 저 상태에서 먹길 바란단 말이야? 확실히 속이 아무렇지도 않은 우리들 모두도 이 썩어빠진 배의 음식을 견디기가 힘든 판인데.

SCOTTY. (*indignantly*) It's a starvation ship.

DAVIS. Plenty o' work and no food—and the owners ridin' around in carriages!

OLSON. Hash, hash! Stew, stew! Marmalade, py damn! (*He spits disgustedly.*)

COCKY. Bloody swill! Fit only for swine is wot I say.

DRISCOLL. And the dish-wather they disguise wid the name av tea! And the putty they call bread! My belly feels loike I'd swalleyed a dozen rivets at the thought av ut! And sea-biscuit that'd break the teeth av a lion if he had the misfortune to take a bite at one! (*Unconsciously they have all raised their voices, forgetting the sick man in their sailor's delight at finding something to grumble about.*)

PAUL. (*swings his feet over the side of his bunk, stops playing his accordion, and says slowly*) And rot-ten po-tay-toes! (*He starts in playing again. The sick man gives a groan of pain.*)

DRISCOLL. (*holding up his hand*) Shut your mouths, all av you. 'Tis a hell av a thing for us to be complainin' about our guts, and a sick man maybe dyin' listenin' to us. (*Gets up and shakes his fist at the Norwegian*) God stiffen you, ye square-head scut! Put down that organ av yours or I'll break your ugly face for you. Is that banshee schreechin'[1] fit music for a sick man?

1) schreechin' → screeching: 날카로운, 끼익하는, 괴성을 지르는

스코티 (*노기에 차서*): 이건 굶어죽이는 배야.

데이비스: 일은 죽도록 시키면서 먹을 것은 주질 않으니—배 소유주들은 마차를 타고 다니거든!

올슨: 이번 식사는 해시[1]! 해시! 스튜[2]! 스튜! 마멀레이드[3]! 빌어먹을! (*기분이 상한다는 듯이 침을 뱉는다.*)

콕키: 꿀꿀이죽 같은 것이지! 돼지에게나 맞는 음식이야.

드리스콜: 그릇 씻은 물을 차라고 속이고! 퍼티[4]를 빵이라고 하고! 그걸 생각만 해도 내 창자는 못을 한 타스 먹은 기분이야! 또 선원용 건빵은 사자도 운이 나쁘면 한 입 깨물었다가 이빨이 부러질 지경이고! (*선원들이 불평을 토로할 대상을 찾았다는 기쁨 속에서 병자의 존재를 잊고 무의식적으로 음성을 높인다.*)

폴 (*침대 가에서 발을 흔들며 아코디언 연주를 멈추고 천천히 이야기 한다*): 그리고 빌어먹을 감자도 그렇지! (*다시 연주를 한다. 병자가 고통 속에 신음한다.*)

드리스콜 (*손을 들고서*): 모두, 입 닥쳐. 죽을지도 모를 병자가 듣고 있는데 음식 타령을 하다니 안될 말이야. (*일어나서 노르웨이 선원한테 주먹을 흔든다.*) 이 말라비틀어질 사각머리 쓸모없는 인간아! 그 아코디언을 내려놔. 그렇지 않으면 네 흉측한 얼굴을 갈겨버리겠어. 그 구슬픈 울음소리를 내는 날카롭고 관능적인 음악이 병자한테 좋은 줄 아냐?

---

1) 해시: 다진 고기 요리(고기와 감자를 잘게 다져 섞어 요리하여 따뜻하게 차려 낸 것)
2) 스튜: 고기와 채소를 넣고 국물이 좀 있게 해서 천천히 끓인 요리
3) 마멀레이드: 오렌지와 레몬 등으로 만든 잼. 보통 아침식사 때 먹음.
4) 퍼티: 유리를 창틀에 끼울 때 바르는 접합제

(*The Norwegian puts his accordion in the bunk and lies back and closes his eyes. DRISCOLL goes over and stands beside YANK. The steamer's whistle sounds particularly loud in the silence.*)

DAVIS. Damn this fog! (*Reaches in under a bunk and yanks out a pair of sea-boots, which he pulls on*) My lookout next, too. Must be nearly eight bells, boys. (*With the exception of OLSON all the men sitting up put on oilskins, sou'westers, sea-boots, etc., in preparation for the watch on deck. OLSON crawls into a lower bunk on the right.*)

SCOTTY. My wheel.

OLSON. (*disgustedly*) Nothin' but yust[1] dirty weather all dis voyage. I yust can't sleep when weestle[2] blow. (*He turns his back to the light and is soon fast asleep and snoring.*)

SCOTTY. If this fog keeps up, I'm tellin' ye, we'll no be in Cardiff for a week or more.

1) yust → used to
2) weestle → whistle

(노르웨이 선원은 침대에 아코디언을 놓고 누워서 눈을 감는다. 드리스콜은 양크에게 다가가 옆에 선다. 기적 소리가 침묵 속에서 유달리 크게 들린다.)

데이비스: 망할 놈의 안개! *(침대 아래로 손을 넣어 수부용 장화를 꺼내 신는다.)* 내가 감시할 차래야. 이봐, 여덟 시가 됐을 걸. *(올슨 이외에 모두가 일어나서 갑판에서의 감시를 하기 위해 방수복, 방수모, 선원용 장화 등을 걸친다. 올슨은 우측 맨 밑 침대로 기어들어간다.)*

스코티: 내가 키를 잡을 차례야.

올슨 *(염증이 난다는 듯이)*: 이번 항해는 온통 그저 더러운 날씨뿐이야. 뱃고동이 저렇게 나니 잠을 잘 수가 있어야지. *(등불을 등지고 곧 잠이 들어 코를 골기 시작한다.)*

스코티: 이렇게 안개가 계속되면 일주일이건 또는 그 이상이건 카디프에 도착하지 못할 걸.

DRISCOLL. 'Twas just such a night as this the auld Dover wint down[1]. Just about this toime ut was[2], too, and we all sittin' round in the fo'c'stle[3], Yank beside me, whin all av a suddint we heard a great slitherin' crash, and the ship heeled over till we was all in a heap on wan side. What came afther I disremimber exactly, except 'twas a hard shift to get the boats over the side before the auld teakittle[4] sank. Yank was in the same boat wid me, and sivin morthal days[5] we drifted wid scarcely a drop of wather or a bite to chew on. 'Twas Yank here that held me down whin I wanted to jump into the ocean, roarin' mad wid the thirst. Picked up we were on the same day wid only Yank in his senses, and him steerin' the boat.

COCKY. (*protestingly*) Blimey but you're a cheerful blighter, Driscoll! Talkin' abaht shipwrecks in this 'ere blushin' fog.[6] (*YANK groans and stirs uneasily, opening his eyes. DRISCOLL hurries to his side.*)

DRISCOLL. Are ye feelin' any betther, Yank?

YANK. (*in a weak voice*) No.

DRISCOLL. Sure, you must be. You look as sthrong as an ox. (*Appealing to the others*) Am I tellin' him a lie?

---

1) the auld Dover wint down → the old Dover went down
2) this toime ut was → this time it was
3) fo'c'stle → forecastle: 선실
4) the auld teakittle → the old teakettle 낡은 찻주전자, 즉 낡은 배
5) sivin morthal days → seven mortal days
6) Talkin' abaht shipwrecks in this 'ere blushin' fog. → (You are) Talking about shipwrecks in this here blushing fog.

드리스콜: 낡아빠진 도버호(號)가 침몰한 것도 이런 날 밤이었어. 또한 시간도 이때쯤이었고. 우린 모두 선실에 앉아 있었지. 양크는 내 옆에 있었고. 그런데 갑자기 미끄러지듯 나아가는 굉음이 들리더니 배가 기울어져 모두 한 쪽에 몰려 쓰러졌어. 그 뒤에 어떤 일이 생겼는지 정확하게 기억이 안 나지만 낡아빠진 배가 가라앉기 전에 보트를 내리느라 정신이 없었지. 양크도 나하고 같은 보트에 있었는데 필사적으로 7일 동안을 거의 물 한 방울 못 마시고 음식 한 조각 입에 못 댄 채 바다에서 표류했어. 갈증 때문에 미친 듯이 고함지르며 바다 속으로 뛰어들려고 하는 나를 붙든 건 여기 있는 양크였어. 우린 그날 구조가 되었는데 양크만이 제정신이었고, 그가 보트를 조종하고 있었지.

콕키 (*항의하듯이*): 맙소사, 자넨 맥없이 명랑한 녀석이야, 드리스콜. 이런 몹쓸 안개 낀 날에 난파 얘기를 하다니. (*양크가 신음을 하며 불안하게 움직이고 난 뒤 눈을 뜬다. 드리스콜이 황급히 그의 곁으로 간다.*)

드리스콜: 좀 괜찮아, 양크?

양크 (*약한 소리로*): 아니.

드리스콜: 분명히, 괜찮아. 황소처럼 건강하게 보이는데. (*다른 친구들에게 호소하듯이*) 내 말이 거짓이야?

DRISCOLL. The sleep's done you good.

COCKY. You'll be 'avin your pint of beer in Cardiff this day week.

SCOTTY. And fish and chips, mon[1)]!

YANK. (*peevishly*) What're yuh all lyin' fur? D'yuh think I'm scared to— (*He hesitates as if frightened by the word he is about to say.*)

DRISCOLL. Don't be thinkin' such things! (*The ship's bell*[2)] *is heard heavily tolling eight times. From the forecastle head above the voice of the lookout rises in a long wail: Aaall's welll.*[3)] *The men look uncertainly at YANK as if undecided whether to say good-by or not.*)

YANK. (*in an agony of fear*) Don't leave me, Drisc!. I'm dyin', I tell yuh. I won't stay here alone with everyone snorin'. I' ll go out on deck. (*He makes a feeble attempt to rise, but sinks back with a sharp groan. His breath comes in wheezy gasps*) Don't leave me, Dtisc! (*Hid face grows white and his head falls back with a jerk.*)

DRISCOLL. Don't be worryin', Yank. I'll not move a step out av here—and let that divil av a bosun curse his black head off. You speak a word to the bosun, Cocky. Tell him that Yank is bad took and I'll be stayin' wid him a while yet.

---

1) mon → man
2) *sheep's bell*: 선내 시종(船內 時鐘)
3) *Aaall's welll.* → *All's well.*

데이비스: 잠을 잤으니 좋을 거야.

콕키: 자넨 내주 오늘쯤은 카디프에서 맥주를 마시고 있을 걸.

스코티: 이봐, 그리고 물고기와 감자튀김하고 말일세!

양크 (*짜증을 내듯이*): 왜 이렇게들 거짓말을 하는 거야? 내가 무서워할 것 같아서—(*그가 막 하려고 하는 말에 겁을 먹은 듯이 주저한다.*)

드리스콜: 그런 생각은 말라니까! (*무겁게 여덟 번 치는 선내 시계의 종소리가 들려온다. 위의 선실에서 감시원의 목소리가 길게 애처롭게 들린다. 이상 없음. 선원들은 이 자리를 떠나는 인사를 할 건지 말 건지를 결정하지 못한 듯이 당황해서 양크를 본다.*)

양크 (*공포의 고통에 사로잡혀서*): 가지 마, 드리스콜! 난 죽어가는 거야. 모두 코를 골고 자는데 혼자 여기 있고 싶지 않아. 갑판에 나갈 테야. (*애처롭게 일어나려고 하지만 날카로운 신음소리와 함께 주저앉는다. 숨쉬기가 힘들어서 쌕쌕 거린다.*) 가지 마, 드리스콜! (*얼굴이 창백해지며 머리가 뒤로 홱 제처진다.*)

드리스콜: 걱정 마, 양크. 여기서 한 발자국도 움직이지 않을 테야—갑판장 놈이 미친 듯이 욕을 하라지. 갑판장한테 말 좀 해 주게, 콕키. 양크의 몸이 좋지 않아서 잠시 같이 있겠다고 전해줘.

COCKY. Right-o. (*COCKY, DAVIS, and SCOTTY go out quietly.*)

COCKY. (*from the alleyway*) Gawd blimey, the fog's thick as soup[1].

DRISCOLL. Are ye satisfied now, Yank? (*Receiving no answer, he bends over the still form*) He's fainted, God help him! (*He gets a tin dipper from the bucket and bathes YANK'S forehead with the water. YANK shudders and opens his eyes.*)

YANK. (*slowly*) I thought I was goin' then. Wha' did yuh wanta wake me up fur?

DRISCOLL. (*with a forced gayety*) It is wishful for heaven ye are?

YANK. (*gloomily*) Hell, I guess.

DRISCOLL. (*crossing himself involuntarily*) For the love av the saints[2] don't be talkin' loike that! You'd give a man the creeps. It's chippin' rust on deck you'll be in a day or two wid the best av us. (*YANK does not answer, but closes his eyes wearily. The seaman who has been on lookout, SMIITTY, a young Englishman, comes in and takes off his dripping oilskins. While he is doing this the man whose turn at the wheel has been relieved enters. He is a dark burly fellow with a round stupid face. The Englishman steps softly over to DRISOOLL. The other crawls into a lower bunk.*)

SMITTY. (*whispering*) How's Yank?

---

1) thick as soup → (as) thick as (pea) soup: 아주 짙다, 아주 진하다
2) For the love av the saints = For the love of God (Heaven): 제발

콕키: 그럼세. (*콕키, 데이비스, 그리고 스코티가 조용히 퇴장한다.*)

콕키 (*좁은 통로에서*): 제기랄, 이렇게 안개가 짙어서야.

드리스콜: 이제 안심이 되나, 양크? (*대꾸가 없자 움직이지 않는 몸 위로 자기 몸을 굽힌다.*) 가엾어라, 실신해버렸군! (*물통에서 주석으로 된 바가지에 물을 가지고와 양크의 이마에 끼얹는다. 양크는 몸을 흔들며 눈을 뜬다.*)

양크 (*천천히*): 죽는 줄 알았어. 왜 날 깨운 거야?

드리스콜 (*억지로 명랑하게*): 천당에 가고 싶나?

양크 (*음울하게*): 지옥에 갈 것 같아.

드리스콜 (*무심결에 십자를 그으며*): 제발 그런 얘기는 말라니까! 소름이 끼친다고. 하루 이틀 지나면 우리들과 함께 갑판의 녹을 닦게 될 거야. (*양크는 대꾸를 않고 지친 듯이 눈을 감는다. 밖에서 감시를 하고 있던 선원인 젊은 영국인 스미티가 들어와서 흠뻑 젖은 방수복을 벗는다. 이러는 중에 키를 잡고 있던 선원이 교대가 되어 들어온다. 둥근 바보 같은 얼굴을 한 검고 건장한 친구다. 영국인은 가만히 드리스콜 쪽으로 걸어간다. 키를 잡았던 선원은 맨 밑 침대로 들어간다.*)

스미티 (*귓속말로*): 양크는 어때?

DRISCOLL. Betther. Ask him yourself. He's awake.

YANK. I'm all right, Smitty.

SWITTY. Glad to hear it, Yank. (*He crawls to an upper bunk and is soon asleep.*)

IVAN. (*the stupid-faced seaman, who comes in after SMITTY, twists his head in the direction of the sick man*) You feel gude, Jank?[1)]

YANK. (*wearily*) Yes, Ivan.

IVAN. Dot's gude.[2)] (*He rolls over[3)] on his side and falls asleep immediately.*)

YANK. (*after a pause broken only by snores—with a bitter laugh*) Good-by and good luck to the lot of you!

DRISCOLL. Is ut painin' you again?

YANT. It hurts like hell—here. (*He points to the lower part of his chest on the left side.*) I guess my old pump's busted. Ooohh! (*A spasm of pain[4)] contracts his pale features. He presses his hand to his side and writhes on the thin mattress of his bunk. The perspiration stands out in beads on his forehead.*)

---

1) You feel gude, Jank? → You feel good, Yank?
2) Dot's gude. → That's good.
3) *roll over*: (쉽게 패배해서) 나가떨어지다
4) *A spasm of pain*: 발작적인 통증

드리스콜: 좀 나아. 직접 물어보게. 깨어있으니까.

양크: 괜찮아, 스미티.

스미티: 잘 됐네, 양크. (*윗 침대에 올라가서 곧 잠이 든다.*)

이반 (*스미티 뒤에 들어온, 우둔한 얼굴의 선원으로 그는 병자가 있는 방향으로 머리를 돌린다.*): 괜찮아, 양크?

양크 (*지쳐서*): 그래, 이반.

이반: 잘 됐군. (*한 쪽으로 나가떨어지더니 바로 잠이 든다.*)

양크 (*잠시 후 코고는 소리만 들린다—쓴 웃음을 지으며*): 잘 있게, 자네들 모두에게 행운을 비네.

드리스콜: 다시 아픈가?

양크: 지독하게 아파—여기가 말이야. (*그는 우측 가슴 밑쪽을 가리킨다.*) 내 낡은 펌프가 고장 났나봐. 오-흐! (*발작적인 고통 때문에 그의 창백한 얼굴이 찌푸려진다. 한 손을 옆구리에 대고 침대 위의 얇은 매트리스 위에서 온몸을 비튼다. 이마에는 구슬 같은 땀방울이 눈에 띈다.*)

DRISCOLL. (*terrified*) Yank! Yank! What is ut? (*Jumping to his feet*) I'll run for the captain. (*He starts for the doorway.*)

YANK. (*sitting up in his bunk, frantic with fear*) Don't leave me, Drisc! For God's sake don't leave me alone! (*He leans over the side of his bunk and spits. DRISCOLL comes back to him.*) Blood! Ugh!

DRISCOLL. Blood again! I'd best be gettin' the captain.

YANK. No, no, don't leave me! If yuh do I'll git up and follow you. I ain't no coward, but I'm scared to stay here with all of them asleep and snorin'. (*DRISCOLL, not knowing what to do, sits down on the bench beside him. He grows calmer and sinks back on the mattress.*) The captain can't do me no good, yuh know it yourself. The pain ain't so bad now, but I thought it had me then. It was like a buzz-saw cuttin' into me.

DRISCOLL. (*fiercely*) God blarst ut![1)]

(*The CAPTAIN and the SECOND MATE of the steamer enter the forecastle. The CAPTAIN is an old man with gray mustache and whiskers. The MATE is clean-shaven and middle-aged. Both are dressed in simple blue uniforms.*)

THE CAPTAIN. (*taking out his watch and feeling YANK'S pulse*) And how is the sick man?

YANK. (*feebly*) All right, sir.

1) God blarst ut! → God blessed it!

드리스콜 (*놀라서*): 양크! 양크! 왜 그래? (*펄떡 일어나며*) 내가 달려가서 선장을 데려올 게. (*출입구로 가려고 한다.*)

양크 (*침대에서 일어나 앉아—공포로 두려워하며*): 날 혼자 두지 말라니까, 드리스콜! 제발 날 혼자 두지 말라고! (*침대 한 쪽에 몸을 기대고 침을 뱉는다. 드리스콜이 그에게 돌아온다.*) 피야! 윽!

드리스콜: 또 피군! 선장을 데려오는 게 좋겠어.

양크: 아냐, 아냐, 가지 말라니까! 가면 나도 일어나 자넬 따라갈 거야. 내가 겁쟁이는 아니지만 잠자며 코를 고는 친구들하고 여기에 있자니 무서워. (*드리스콜은 어찌할 바를 몰라 양크 곁의 벤치에 앉는다. 양크는 보다 진정이 되어 매트리스 위에 주저앉는다.*) 선장이 내게 도움을 줄 수 없다는 걸 자네도 알잖아. 이제 그리 아프지 않아, 그렇지만 아까는 죽는 줄 알았어. 마치 둥근 톱이 내 몸을 자르는 듯했어.

드리스콜 (*맹렬하게*): 빌어먹을! (*선장과 이등항해사가 선실에 들어온다. 선장은 회색 코밑수염과 구레나룻을 가진 노인이다. 항해사는 깨끗이 면도를 한 중년의 사내. 두 사람은 간소한 청색 제복을 입고 있다.*)

선장 (*시계를 꺼내서 양크의 맥을 짚으면서*): 좀 어떤가?

양크 (*힘없이*): 좋습니다.

THE CAPTAIN. And the pain in the chest?

YANK. It still hurts, sir, worse than ever.

THE CAPTAIN. (*taking a thermometer from his pocket and putting it into YANK'S mouth*) Here. Be sure and keep this in under your tongue, not over it.

THE MATE. (*after a pause*) Isn't this your watch on deck, Driscoll?

DRISCOLL. Yes, sorr, but Yank was fearin' to be alone, and—

THE CAPTAIN. That's all right, Driscoll.

DRISCOLL. Thank ye, sorr.

THE CAPTAIN. (*stares at his watch for a moment or so; then takes the thermometer from YANK's mouth and goes to the lamp to read it. His expression grows very grave. He beckons the MATE and DRISCOLL to the corner near the doorway. YANK watches them furtively. The CAPTAIN speaks in a low voice to the MATE*) Way up, both of them. (*To DRISCOLL*) He has been spitting blood again?

DRISCOLL. Not much for the hour just past, sorr, but before that—

THE CAPTAIN. A great deal?

DRISCOLL. Yes, sorr.

선장: 가슴 통증은?

양크: 여전히 아픕니다. 더한 것 같습니다.

선장 (*주머니에서 체온계를 꺼내 양크의 입에 넣으며*): 자. 이걸 혀 밑에 두라고, 혀 위에 두지 말고.

항해사 (*잠시 후*): 자네가 갑판에서 감시할 차례가 아닌가, 드리스콜?

드리스콜: 그렇습니다. 하지만 양크가 혼자 있기를 두려워하고, 그리고—

선장: 좋아, 드리스콜.

드리스콜: 고맙습니다.

선장 (*잠시 시계를 들여다본다. 이어 양크의 입에서 체온계를 빼내고 그걸 보기 위해 등불 쪽으로 간다. 그의 표정이 매우 심각해진다. 그는 항해사와 드리스콜을 출입구 구석 가까이로 부른다. 양크는 몰래 그들을 본다. 선장은 나지막한 소리로 항해사에게 말을 한다.*): 두 가지가 높아졌어. (*드리스콜에게*) 또 피를 토했나?

드리스콜: 방금 전 것은 그리 심하지 않았습니다. 그렇지만 그전의 것은—

선장: 심했나?

드리스콜: 그렇습니다.

THE CAPTAIN. He hasn't eaten anything?

DRISOOLL. No, sorr.

THE CAPTAIN. Did he drink that medicine I sent him?

DRISCOLL. Yes, sorr, but it didn't stay down.

THE CAPTAIN. (*shaking his head*) I'm afraid—he's very weak. I can't do anything else for him. It's too serious for me. If this had only happened a week later we'd be in Cardiff in time to—

DRISOOLL. Plaze[1] help him some way, sorr!

THE CAPTAIN. (*impatiently*) But, my good man, I'm not a doctor. (*More kindly as he sees DRISCOLL'S grief*) You and he have been shipmates a long time?

DRISCOLL. Five years and more, sorr.

1) Plaze → Please

선장: 아무것도 먹지 않았지?

드리스콜: 아뇨.

선장: 내가 보낸 약은 마셨겠지?

드리스콜: 네 그렇지만 진정이 되지는 않았어요.

선장 (*머리를 흔들며*): 안됐지만—매우 약해졌어. 내가 할 수 있는 일이 아무것도 없네. 내가 하기에는 너무 심각해. 일주일 늦게만 이런 일이 일어났으면 제 때에 카디프에 도착할 것을—

드리스콜: 어떤 방법으로든 도와주세요!

선장 (*성급하게*): 그러나, 이봐, 난 의사가 아니야. (*드리스콜의 슬픔을 보고 좀 더 친절하게*) 자네하고 저 친구하고는 오랫동안 같이 배를 탔나?

드리스콜: 5년 좀 넘었습니다.

THE CAPTAIN. I see. Well, don't let him move. Keep him quiet and we'll hope for the best[1]. I'll read the matter up[2] and send him some medicine, something to ease the pain, anyway. (*Goes over to YANK) Keep up your courage! You'll be better tomorrow. (He breaks down lamely before YANK's steady gaze*[3].) We'll pull you through[4] all right—and—hm—well—coming, Robinson? Dammit! (*He goes out hurriedly, followed by the MATE.*)

DRISCOLL. (*trying to conceal his anxiety*) Didn't I tell you you wasn't half as sick as you thought you was? The Captain'll have you out on deck cursin' and swearin' loike a trooper[5] before the week is out.

YANK. Don't lie, Drisc. I heard what he said, and if I didn't I c'd tell by the way I feel. I know what's goin' to happen. I'm goin' to— (*He hesitates for a second—then resolutely.*) I'm goin' to die, that's what, and the sooner the better!

DRISCOLL. (*wildly*) No, and be damned to you[6], you're not, I'll not let you.

---

1) hope for the best: 낙관하다
2) read something up: ~에 대해 많은 것을 읽다 [공부하다]
3) *steady gaze:* 강렬한 시선
4) pullthrough: 회복하다, 해내다
5) loike a trooper → like a trooper: 맹렬히, 격하게, 거칠게 *swear like a trooper: 걸핏하면 욕을 하다, 욕을 마구 퍼붓다
6) be damned to you: 뒈져라, 에끼 빌어먹을 자식

선장: 그런가. 자, 저 친구를 움직이지 않도록 하게. 차분하게 있으면 어떻게 좋아지겠지. 그 문제에 대해 많은 것을 읽어본 뒤 약을 보내지, 하여간, 고통을 덜어주는 어떤 것 말일세. (*양크에게 간다.*) 용기를 내야지! 내일은 나아질 거야. (*양크의 강렬한 시선에 자신 없게 허물어지며*) 고쳐줄 테니까 말이야—그리고—음—자—로빈슨, 가볼까? 제기랄! (*황급히 항해사를 데리고 퇴장*)

드리스콜 (*그의 근심을 감추려고 노력하면서*): 자네가 생각하는 것보다 반밖에 아프지 않다고 내가 말하지 않았나? 일주일이 지나기 전에 선장은 자네를 갑판 위로 불러내 악담과 욕설을 마구 퍼부을 걸.

양크: 거짓말 마, 드리스콜. 선장이 말하는 걸 들었어. 못 들었어도 내 느낌으로 알 수 있어. 어떻게 될지 알고 있지. 난 아마—(*잠시 주저한다—이어 결심한 듯이*) 난 죽을 거야, 그렇게 되겠지. 빠르면 빠를수록 좋아!

드리스콜 (*거칠게*): 아냐, 에끼 빌어먹을, 자넨 죽지 않아. 내가 놔두지 않을 걸.

YANK. It ain't no use, Drisc. I ain't got a chance, but I ain't scared. Gimme a drink of water, will yuh, Drisc? My throat's burnin' up. (*DRISCOLL brings the dipper full of water and supports his head while he drinks in great gulps.*)

DRISOOLL. (*seeking vainly for some word of comfort*) Are ye feelin' more aisy-loike[1] now?

YANK. Yes—now—when I know it's all up. (*A pause*) You mustn't take it so hard, Drisc. I was just thinkin' it ain't as bad as people think—dyin'. I ain't never took much stock in the truck them sky-pilots[2] preach. I ain't never had religion; but I know whatever it iswhat comes after it can't be no worser' n this. I don't ike to leave you, Drisc, but—that's all.

DRISCOLL. (*with a groan*) Lad, lad, don't be talkin'.

YANK. This sailor life ain't much to cry about leavin'—just one ship after another, hard work, small pay, and bum grub; and when we git into port, just a drunk endin' up in fight, and all your money gone, and then ship away again. Never meetin' no nice people; never gittin' outa sailor-town, hardly, in any port; travelin' all over the world and never seein' none of it; without no one to care whether you're alive or dead. (*With a bitter smile*) There ain't much in all that that'd make yuh sorry to lose it, Drisc.

DRISCOLL. (*gloomily*) It's a hell av a life, the sea.

---

1) aisy-loike: easy-like
2) sky-pilots: 1. 군대의 목사, 성직자 2. 항공기 조종사

양크: 소용없어, 드리스콜. 기회를 놓쳤어. 그러나 무섭지 않아. 물 좀 줘, 드리스콜. 목이 탄다고. (*드리스콜은 바가지에 물을 가득 가지고 와서 그가 벌컥벌컥 마시는 동안 그의 머리를 받쳐준다.*)

드리스콜 (*위안이 될 만한 말을 찾고자 하나 뜻대로 되지 않아*): 이제 좀 편해졌나?

양크: 그래—이제—모든 것이 끝났다는 걸 아니까. (*사이*) 너무 심하게 받아들이지 말게, 드리스콜. 죽는다는 게—사람들이 생각하는 것처럼 그렇게 나쁜 건 아닐 거야. 난 결코 목사들의 설교를 많이 들어본 적이 없네. 종교라는 걸 가져본 일도 없었고. 그렇지만 사후(死後)의 세계가 어떻게 생겼든지 간에 이보다는 더 나쁘지 않을 거라고 알고 있지. 자넬 떠나긴 싫어, 드리스콜, 그렇지만—그게 다야.

드리스콜 (*신음하는 소리로*): 이 사람아, 이 사람이, 말을 말라니까.

양크: 이 선원 생활을 그만둔다고 해서 울 일은 없어—그저 이 배, 저 배를 따라다니고, 일은 힘들고, 봉급은 적고, 음식은 형편이 없으니 말이야. 그리고 항구에 닿으면 술을 마시고, 술은 싸움으로 끝나고, 그리고 돈이 다 떨어지면 다시 배를 타고 떠나지. 착한 사람이란 만나볼 수도 없고. 거의 어떤 항구에서든 선원의 거리를 결코 떠나본 적이 없지. 온 세계를 돌아다니지만 어느 것도 보는 것은 없거든. 죽건 살건 누구 하나 관심을 갖는 사람도 없이. (*쓴 웃음을 지으며*) 이런 생활 전부를 버린다고 해서 아쉬워할 것이 없단 말이야, 드리스콜.

드리스콜 (*우울하게*): 빌어먹을 생활이지, 바다생활 말이야.

YANK. (*musingly*) It must be great to stay on dry land all your life and have a farm with a house of your own with cows and pigs and chickens, 'way in the middle of the land where yuh'd never smell the sea or see a ship. It must be great to have a wife, and kids to play with at night after supper when your work was done. It must be great to have a home of your own, Drisc.

DRISCOLL. (*with a great sigh*) It must, surely; but what's the use av thinkin' av ut? Such things are not for the loikes av us.

YANK. Sea-farin' is all right when you're young and don't care, but we ain't chickens no more, and somehow, I dunno[1], this last year has seemed rotten, and I've had a hunch I'd quit —with you, of course—and we'd save our coin, and go to Canada or Argentine or some place and git a farm, just a small one, just enough to live on. I never told yuh this, ' cause I thought you'd laugh at me.

DRISCOLL. (*enthusiastically*) Laugh at you, is ut? When I'm havin' the same thoughts myself, toime afther toime[2]. It's a grand idea and we'll be doin' ut sure if you'll stop your crazy notions—about—about bein' so sick.

YANK. (*sadly*) Too late. We shouldn'ta made this trip, and then— How'd all the fog git in here?

DRISCOLL. Fog?

---

1) we ain't chickens no more, and somehow, I dunno → we are't children no more, and somehow, I don't know

2) toime afther toime → time after time: 자주, 매번

양크 (*생각에 잠겨*): 일평생을 마른 땅 위에서 머물며 집이 딸린 농장에서 소, 돼지, 닭을 기르면서 살면 얼마나 끝내줄까. 바다 냄새도 안 나고 배도 안 뵈는 멀리 떨어진 육지 한 복판에서 말이야. 아내가 있고 애들도 있어서 일이 끝나고 저녁식사를 마치고 밤에 같이 놀 수 있으면 멋질 거야. 자기 집을 갖는 다는 것도 멋진 일일 거야, 드리스콜.

드리스콜 (*크게 한숨지으며*): 분명히, 그렇겠지. 그러나 그런 생각을 하면 뭘 해? 그런 건 우리에게는 해당이 없는 일이야.

양크: 선원 살이가 젊고 근심이 없을 땐 괜찮지. 그렇지만 우린 이제 더 이상 어린애가 아냐. 근데 어떻게 된 일인지 모르겠지만 지난 일 년은 아주 끔찍했어. 집어치워야겠다는 예감이 들었지—물론, 자네하고 함께 말이야—돈을 모아 캐나다나 아르헨티나 또는 어떤 곳에 가서 농장을 사는 거야. 생활을 할 수 있을 조그만 땅이면 돼. 나를 비웃을 것 같아서 자네한테 이런 말을 결코 하지 않았어.

드리스콜 (*열광적으로*): 자네를 비웃는다고? 나 자신도 자주 똑같은 생각을 하고 있는 중인데. 그거 참 멋진 생각이야. 자네가—그—매우 아프다는 생각 말이야—그런 미친 생각만 버린다면 우린 확실히 해 낼 거야.

양크 (*슬프게*): 너무 늦었어. 이번 항해는 안 떠나야 했어, 그러면—어떻게 모든 안개가 이곳으로 들어왔지?

드리스콜: 안개?

YANK. Everything looks misty. Must be my eyes gittin' weak, I guess. What was we talkin' of a minute ago? Oh, yes, a farm. It's too late. (*His mind wandering*) Argentine, did I say? D'yuh remember the times we've had in Buenos Aires? The moving pictures in Barracas? Some class to them, d'yuh remember?

DRISCOLL. (*with satisfaction*) I do that; and so does the piany[1)] player. He'll not be forgettin' the black eye I gave him in a hurry.

YANK. Remember the time we was there on the beach and had to go to Tommy Moore's boarding house to git shipped? And he sold us rotten oilskins and sea-boots full of holes, and shipped us on a skysail-yarder round the Horn, and took two months' pay for it. And the days we used to sit on the park benches along the Paseo Colon with the vigilantes lookin' hard at us? And the songs at the Sailor's Opera where the guy playedragtime—d'yuh remember them?

DRISCOLL. I do, surely.

YANK. And La Plata—phew, the stink of the hides! I always liked Argentine—all except that booze, caa. How drunk we used to git on that, remember?

DRISCOLL. Cud I forget ut? My head pains me at the menshun av that divil's brew[2)].

---

1) piany→piano

2) at the menshun av that divil's brew → at the mention of that devil's brew: 그 독주의 말만 들어도

양크: 모든 것이 흐릿하게 보이는군. 내 시력이 쇠약해지고 있음이 틀림없어. 조금 전 우리가 무슨 말을 하고 있었지? 아, 그래, 농장이지. 너무 때가 늦었어. (*다른 생각을 하면서*) 내가 아르헨티나라고 했나? 우리가 부에노스아이레스에 갔을 때를 기억하나? 바라카스에서 본 영화는? 굉장했었지, 기억나나?

드리스콜 (*만족해서*): 기억나고말고. 그리고 피아노 치던 친구도 생각이 나네. 그 친구는 내가 그를 감쪽같이 갈겨서 생긴 멍든 눈을 잊지 못할 걸.

양크: 바닷가에서 방황하다가 배를 타기 위해 도미 무어의 하숙집에 가야만 했던 때의 기억이 나나? 놈이 형편없는 방수복과 구멍투성이 장화를 팔고 혼(Horn)으로 돌아가는 범선에 우릴 태워주고서는 소개비로 두 달분의 봉급을 가로챘지. 그리고 우리를 감시하는 경비원들 앞에서 파세오 코돈을 따라 있는 공원 벤치에 앉아 있곤 하던 날들을 기억하나? 그 친구가 래그타임 재즈를 연주했던 '선원의 오페라'라는 술집에서 듣던 노래들—생각이 나나?

드리스콜: 확실히, 나고말고.

양크: 그리고 라 플라타—체, 그 살 냄새의 악취! 난 항상 아르헨티나가 좋았어—그 카나 술을 빼면 말이야. 그걸 마시고 대취(大醉)하곤 했었지, 기억나?

드리스콜: 그걸 잊을 수 있겠나? 그 독주(毒酒)의 말만 들어도 머리가 아픈 걸.

YANK. Remember the night I went crazy with the heat in Singapore? And the time you was pinched by the cops in Port Said? And the time we was both locked up in Sydney for fightin'?

DRISCOLL. I do so.

YANK. And that fight on the dock at Cape Town—(*His voice betrays great inward perturbation.*)

DRISCOLL. (*hastily*) Don't be thinkin' av that now. 'Tis past and gone.

YANK. D'yuh think He'll hold it up against me?

DRISCOLL. (*mystified*) Who's that?

YANK. God. They say He sees everything. He must know it was done in fair fight, in self-defense, don't yuh think?

DRISCOLL. Av course. Ye stabbed him, and be damned to him, for the skulkin' swine he was, afther him tryin' to stick you in the back, and you not suspectin'. Let your conscience be aisy. I wisht[1)] I had nothin' blacker than that on my sowl[2)]. I'd not be afraid av the angel Gabriel himself.

YANK. (*with a shudder*) I c'd[3)] see him a minute ago with the blood spurtin' out of his neck. Ugh!

---

1) Let your conscience be aisy. I wisht → Let your conscience be easy. I wished
2) on my sowl → for my relish
3) c'd → could

양크: 싱가포르에서 더위 때문에 내가 미칠 지경이었던 밤이 생각나나? 그리고 사이드 항(港)에서 자네가 경찰한테 걸렸을 때는? 그리고 싸움판을 벌려 시드니에서 감금되었을 때도 기억이 나겠지?

드리스콜: 그렇고말고.

양크: 그리고 케이프타운 부두의 그 싸움판—(*목소리에 상당한 내적 고민이 나타난다.*)

드리스콜 (*서둘러*): 지금 그런 생각은 말게. 그건 다 과거지사야.

양크: 그분이 날 거절할 것이라고 생각해?

드리스콜 (*얼떨떨해서*): 그게 누군데?

양크: 하느님 말이야. 그분은 모든 걸 안다면서. 그분은 그게 정당방위에서 벌어진 싸움이라는 걸 아실 거야, 그렇지?

드리스콜: 물론이지. 자네가 그놈을 찔렀지, 그 빌어먹을 놈. 그놈이 돼지같이 몰래 숨어서 자넬 뒤에서 찌르려고 했기 때문이지. 자넨 의심하지 않았고 말이야. 양심의 가책을 받을 필요 없어. 난 부디 그것보다 더 사악한 일을 하지 않으면 좋겠어. 난 가브리엘 천사도 두려울 게 없거든.

양크 (*전율하며*): 조금 전에 놈의 목에서 피가 솟구치는 걸 보았어. 윽!

DRISCOLL. The fever, ut is, that makes you see such things. Give no heed to ut.

YANK. (*uncertainly*) You don't think He'll hold it up agin me—God, I mean.

DRISCOLL. If there's justice in hiven[1], no! (*YANK seems comforted by this assurance.*)

YANK. (*after a pause*) We won't reach Cardiff for a week at least. I'll be buried at sea.

DRISCOLL. (*putting his bands over bis ears*) Ssshh! I won't listen to you.

YANK. (*as if he had not heard him*) It's as good a place as any other, I s'pose—only I always wanted to be buried on dry land. But what the hell'll[2] I care—then? (*Fretfully*) Why should it be a rotten night like this with that damned whistle blowin' and people snorin' all round? I wish the stars was out, and the moon, too; I c'd lie out on deck and look at them, and it'd make it easier to go—somehow.

DRISCOLL. For the love av God[3] don't be talkin' loike that!

1) hiven → heaven
2) what the hell'll: 알게 뭐야, 아무려면 어때
3) For the love av God → For the love of God: 제발

드리스콜: 열 때문이야, 열 때문에 그런 것이 보이는 거야. 신경 쓰지 마.

양크 (*불안해서*): 그분이 날 거절하지 않을 거라고 생각하지—하나님 말이야.

드리스콜: 하늘이 공명하다면. 물론이지! (*이 확신에 양크는 위안을 받는 듯하다.*)

양크 (*잠시 후*): 적어도 일주일 안에 카디프에 도착하지 못할 거야. 난 바다에 수장(水葬)되겠지.

드리스콜 (*그의 두 손을 그의 귀에 대면서*): 쉿! 그런 말은 듣지 않을 거야.

양크 (*마치 그의 말을 듣지 못한 것처럼*): 바다가 어떤 장소 못지않게 좋다고 생각해—그저 항상 마른 땅에 묻히고 싶었을 뿐이지. 그렇지만 아무려면 어때—죽은 뒤에? (*초조해서*) 오늘밤은 왜 이렇게 형편없지? 저 빌어먹을 기적이 울리고 사람들이 온통 코를 골아대니 말이야. 별들이 나왔으면 좋겠어, 그리고 달도 함께. 갑판에 누워서 그들을 보고 싶어. 그럼 편히 가게 될 거야—왠지.

드리스콜: 제발 그런 얘기는 하지 말게!

YANK. Whatever pay's comin' to me yuh can divvy up with[1] the rest of the boys; and you take my watch. It ain't worth much, but it's all I've got.

DRISCOLL. But have you no relations at all to call your own?

YANK. No, not as I know of. One thing I forgot. You know Fanny the barmaid at the Red Stork in Cardiff?

DRISCOLL. Sure, and who doesn't?

YANK. She's been good to me. She tried to lend me half a crown when I was broke there last trip. Buy her the biggest box of candy yuh c'n find in Cardiff. (*Breaking down—in a choking voice*) It's hard to ship on this voyage I'm goin' on—alone! (*DRISCOLL reaches out and grasps his hand. There is a pause, during which both fight to control themselves*) My throat's like a furnace. (*He gasps for air*[2]) Gimme a drink of water, will yuh, Drisc? (*DRISCOLL gets him a dipper of water*) I wish this was a pint of beer. Oooohh! (*He chokes, his face convulsed with agony, his hands tearing at his shirt-front. The dipper falls from his nerveless fingers.*)

DRISCOLL. For the love av God, what is ut[3], Yank?

---

1) divvy with: 분배하다

2) *gasp for air*: 거칠게 숨을 쉬다

3) What is ut? → What is it?: 무슨 일이야?, 뭐야?

양크: 내 봉급이 얼마가 나오든 다른 친구들하고 나누어 갖게. 그리고 내 시계는 자네가 가져. 값이 많이 나가지는 않겠지만 그게 내 전 재산이네.

드리스콜: 친척이라고 할 만한 사람은 전혀 없나?

양크: 아니, 내가 아는 한 없어. 한 사람 잊었군. 카디프의 레드 스토크 술집에서 일하는 여급 패니를 알지?

드리스콜: 물론, 모두 알지.

양크: 그 여자가 내게 잘 해줬어. 내가 지난번에 거기서 빈털터리가 되었을 때 나한테 반 크라운을 빌려주려고 했어. 그 여자에게 카디프에서 제일 큰 캔디 한 상자를 사주게. (*허물어지며—질식하는 소리로*) 내가 떠나는 이번 항해는 힘들군—혼자서 가니 말이야! (*드리스콜은 손을 뻗어서 양크의 손을 붙잡는다. 잠시 동안 두 사람은 자신을 억제하려고 애쓴다.*) 목구멍이 용광로 같아. (*거칠게 숨을 쉬다.*) 물 좀 줘, 드리스콜. (*드리스콜이 그에게 한 바가지의 물을 준다.*) 이게 맥주잔이라면 얼마나 좋을까, 우! (*숨이 막히고 얼굴이 고통으로 경련이 일어나며 두 손으로 그의 셔츠 앞을 찢는다. 바가지가 그의 감각을 잃은 손가락에서 떨어진다.*)

드리스콜: 제발, 무슨 일이야, 양크?

YANK. (*speaking with tremendous difficulty*) S'long, Drisc! (*He stares straight in front of him with eyes starting from their sockets*) Who's that?

DRISCOLL. Who? What?

YANK. (*faintly*) A pretty lady dressed in black. (*His face twitches and his body writhes in a final spasm, then straightens out rigidly.*)

DRISCOLL. (*pale with horror*) Yank! Yank! Say a word to me for the love av hiven! (*He shrinks away from the bunk, making for sign of the cross. Then comes back and puts a trembling hand on YANK's chest and bends closely over the body.*)

COCKY. (*from the alleyway*) Oh, Driscoll! Can you leave Yank for arf a mo'[1] and give me a 'and[2]?

DRISCOLL. (*with a great sob*) Yank! (*He sinks down on his knees beside the bunk, his head on his hands. His lips move in some half-remembered prayer.*)

COCKY. (*enters, his oilskins and sou'wester glistening with drops of water*) The fog's lifted. (*COCKY sees DRISCOLL and stands staring at him with open mouth. DRISCOLL makes the sign of the cross again.*)

---

1) arf a mo' → half a mo: 아주 잠깐 동안
2) givea 'and → givea hand: 를 거들어주다

양크 (*무척 힘들게 말한다*): 잘 있게, 드리스콜! (*튀어나올 듯한 눈으로 그의 앞 쪽을 똑바로 바라본다.*) 저게 누구지?

드리스콜: 누구? 뭣 말이야?

양크 (*약하게*): 검은 옷을 입은 예쁜 여자 말이야. (*얼굴이 경련을 일으키며 최후로 몸부림을 치고는 이어서 뻣뻣하게 경직된다.*)

드리스콜 (*공포에 창백해져서*): 양크! 양크! 제발 말 좀 해봐! (*십자가를 긋고 침대에서 물러난다. 이어 다시 돌아와 떨리는 손을 양크의 가슴에 대고 양크의 몸 가까이 그의 몸을 굽힌다.*)

콕키 (*좁은 통로에서*): 오, 드리스콜! 아주 잠깐 동안 양크를 떠나 나 좀 거들어줄 수 있을까?

드리스콜 (*크게 흐느끼며*): 양크! (*머리를 두 손에 얹은 채 침대 옆에 무릎을 꿇고 맥없이 주저앉는다. 입술은 반쯤 외운 기도를 하느라고 움직인다.*)

콕키 (*들어선다. 그의 방수복과 방수모는 물방울로 인해서 번쩍거린다.*): 안개가 걷혔어. (*콕키는 드리스콜을 본다. 입을 벌린 채 그를 물끄러미 바라보며 서 있다. 드리스콜은 다시 십자를 긋는다.*)

COCKY. (*mockingly*) Sayin' 'is prayers! (*He catches sight of the still figure in the bunk and an expression of awed understanding comes over his face. He takes off his dripping sou'wester andstands, scratching his head.*)

COCKY. (*in a hushed whisper*) Gawd blimey!

CURTAIN

콕키 (*조롱하듯이*): 기도를 하다니! (*침대에서 움직임이 없이 가만히 있는 모습을 보고 외경심에 휩싸인 이해의 표정이 그의 얼굴에 나타난다. 물이 떨어지는 방수모를 벗고 머리를 긁으면서 선다.*)

콕키 (*소리 낮춰 속삭이듯이*): 맙소사!

— 막 —

ILE

『고래』

CHARACTERS

BEN, THE CABIN BOY

THE STEWARD

CAPTAIN KEENEY

SLOCUM, SECOND MATE

MRS. KEENEY

JOE, A HARPOONER

MEMBERS OF THE CREW OF THE STEAM WHALER
ATLANTIC QUEEN

등장인물

벤 (사환)

요리사

키니 선장

슬로컴 (이등항해사)

키니 부인

조 (작살 잡이)

증기포경선 애틀랜틱 퀸 호(號)의 선원들

SCENE. CAPTAIN KEENEY's cabin on board the steam whaling ship Atlantic Queen—a small, square compartment about eight feet high with a skylight in the center looking out on the poop deck. On the left (the stern of the ship) a long bench with rough cushions is built in against the wall. In front of the bench, a table. Over the bench, several curtained portholes.

In the rear, left, a door leading to the captain's sleeping quarters. To the right of the door a small organ, looking as if it were brand-new, is placed against the wall.

On the right, to the rear, a marble-topped sideboard. On the sideboard, a woman's sewing basket. Farther forward, a doorway leading to the companionway, and past the officers' quarters to the main deck.

In the center of the room, a stove. From the middle of the ceiling a hanging lamp is suspended. The walls of the cabin are painted white.

There is no rolling of the ship, and the light which comes through the skylight is sickly and faint, indicating one of those gray days of calm when ocean and sky are alike dead. The silence is unbroken except for the measured tread of someone walking up and down on the poop deck overhead.

It is nearing two bells—one o'clock—in the afternoon of a day in the year 1895.

장면. 증기포경선 애틀랜틱 퀸 호(號) 선내에 있는 키니 선장의 선실—한 복판에, 선미루 갑판이 보이는 천창(天窓)을 한 약 8피트 높이의 작고 네모진 방. 왼쪽(선미 船尾)에 거친 쿠션을 한 긴 벤치가 벽에 붙어 있다. 벤치의 앞에는 한 개의 테이블이, 벤치 위에는 몇 개의 둥근 창들이 있다.

뒤쪽, 좌측에 선장의 침실로 통하는 문이 있다. 그 문의 오른쪽으로, 마치 신제품처럼 보이는 작은 오르간이 벽에 붙어 있다.

오른쪽에, 뒤쪽으로, 대리석을 붙인 사이드보드(찬장)가 있다. 그 사이드보드 위에 여자용 바느질 상자가 있다. 훨씬 더 앞에 계단으로 통하고, 상급 선원실을 지나 주갑판으로 통하는 출입구가 있다.

방 한가운데 난로가 있다. 천정의 중간에 매달린 램프가 걸려 있다. 선실의 벽들은 흰색으로 칠해져 있다.

배의 요동은 없고, 천창을 통해 들어오는 빛은 흐릿하고 약해서 바다와 하늘이 모두 죽은 듯이 고요하고 우중충한 날씨를 보여준다. 머리 위 선미루 갑판을 위 아래로 걷는 누군가의 보조를 맞춰 걷는 걸음을 제외하고 침묵은 계속된다.

거의 두 점—한 시—에 가까운 1895년 어느 날 오후.

At the rise of the curtain there is a moment of intense silence. Then the STEWARD enters and commences to clear the table of the few dishes which still remain on it after the CAPTAIN's dinner. He is an old, grizzled man dressed in dungaree pants, a sweater, and a woolen cap with ear-flaps. His manner is sullen and angry. He stops stacking up the plates and casts a quick glance upward at the skylight; then tiptoes over to the closed door in rear and listens with his ear pressed to the crack. What he hears makes his face darken and he mutters a furious curse. There is a noise from the doorway on the right and he darts back to the table.

BEN enters. He is an overgrown, gawky boy with a long, pinched face. He is dressed in sweater, fur cap, etc. His teeth are chattering with the cold and he hurries to the stove, where he stands for a moment shivering, blowing on his hands, slapping them against his sides, on the verge of crying[1].

THE STEWARD. (*in relieved tones—seeing who it is*) Oh, 'tis[2] you, is it? What're ye[3] shiverin' 'bout? Stay by the stove where ye belong and ye'll find no need of chatterin'.

BEN. It's c-c-cold. (*Trying to control his chattering teeth—derisively*) Who d'ye think it were—the Old Man?

1) *on the verge of ing*: 금방 …하려고 하여; …의 직전의
2) 'tis: it is
3) ye: you

막이 오르자 강한 침묵의 순간이 흐른다. 그리고 요리사가 들어와 선장의 점심식사 후에 여전히 남아있는 몇 개의 접시들이 놓인 식탁을 치우기 시작한다. 그는 반백의 노인으로 멍가리 바지(멜빵 달린 작업복 바지)와 스웨터, 귓바퀴가 달린 모직 모자를 쓰고 있다. 그의 태도는 실쭉하고 화가 난 듯하다. 접시 쌓는 일을 멈추고 천창 쪽으로 빠른 눈길을 보낸다. 그리고 뒤쪽 닫힌 문으로 살금살금 가서 문틈에다 귀를 밀착시켜 엿듣는다. 그가 어떤 말을 듣자 그의 얼굴은 어두워지고 그는 분노에 찬 저주를 중얼댄다. 오른쪽 출입구에서 소리가 나자 그는 테이블로 잽싸게 되돌아간다.

벤이 등장한다. 그는 길고 메마른 얼굴을 한 비정상적으로 큰 몸집을 가진 흐느적거리는 소년이다. 그는 스웨터와 털모자 등을 걸치고 있다. 그의 이빨은 추위에 덜덜 떨리고 그는 스토브로 황급히 걸어가 잠시 떨면서 서서 양손에 입김을 불고 금방이라도 울 것처럼 옆구리를 때리며 찰싹찰싹 소리를 낸다.

요리사 (*안도의 어조로—누구인지 알아차리고*): 오, 너 왔냐? 왜 떨고 있느냐? 난로 옆으로 가 있으면 떨지 않아도 될 거야.

벤: 추—추워서요. (*떨리는 이빨을 억제하려고 하면서—조소적으로*) 누가 오는 줄 알고 있었나요—선장나리?

THE STEWARD. (*makes a threatening move—Ben shrinks away*) None o' your lip[1], young un[2], or I'll learn ye. (*More kindly*) Where was it ye've been all o' the time—the fo'c's'tle[3]?

BEN. Yes.

THE STEWARD. Let the Old Man see ye up for'ard[4] monkey-shinin'[5] with the hands and ye'll get a hidin'[6] ye'll not forget in a hurry[7].

BEN. Aw, he don't see nothin'. (*A trace of awe in his tones—he glances upward*) He just walks up and down like he didn't notice nobody—and stares at the ice to the no'the'ard[8].

THE STEWARD. (*the same tone of awe creeping into his voice*) He's always starin' at the ice. (*In a sudden rage, sharking his fist at the skylight*) Ice, ice, ice! Damn him and damn the ice! Holdin' us in for nigh on a year—nothin' to see but ice—stuck in it like a fly in molasses!

BEN. (*apprehensively*) Ssshh! He'll hear ye.

---

1) None of your lip!: 쓸데없는 참견하지 마세요!
2) un: one
3) fo'c's'tle: forecastle[foksl] (배 앞부분의) 선실
4) for'ard: forward
5) monkeyshine: (미속어) [보통 pl.] 짓궂은 장난, 놀림
6) get a hiding: 매맞을 보다
7) in a hurry: 서둘러, 황급히, 조급히
8) no'the'ard: northward

요리사 (*협박의 몸짓을 한다.—벤이 물러선다.*): 신소리 마라, 요 어린 녀석. 그렇지 않으면 혼내 줄 테니까. (*보다 친절하게*) 줄곧 어디 있었느냐—선실?

벤: 예.

요리사: 선장이 네가 그곳에서 녀석들하고 짓궂은 장난을 치는 꼴을 보면, 너는 매맞을 보게 될 거라는 사실을 서둘러 명심해라.

벤: 오, 선장님은 아무것도 보지 않아요. (*그의 어조에서 두려움을 보이며—그는 위쪽을 힐끗 본다.*) 선장님은 아무도 알아보지 못하는 것처럼 단지 위 아래로 걸으며—북쪽의 얼음만 응시하고 있어요.

요리사 (*기어들어가는 목소리의 두려워하는 어조로*): 그는 늘 얼음만 바라보지. (*갑자기 화가 나서 천창을 향해 그의 주먹을 흔들며*) 얼음, 얼음, 얼음! 선장도 얼음도 빌어먹어라! 거의 1년 동안이나 우릴 붙잡아 놓고—얼음 이외에는 아무것도 안보이니—꿀 속의 파리처럼 그것[얼음]에 갇힌 신세라니!

벤 (*근심스럽게*): 쉿! 선장님이 들어요!

THE STEWARD. (*raging*) Aye, damn him, and damn the Arctic seas, and damn this stinkin' whalin' ship of his, and damn me for a fool to ever ship on it! (*Subsiding as if realizing the uselessness of this outburst—shaking his head—slowly, with deep conviction*) He's a hard man—as hard a man as ever sailed the seas.

BEN. (*solemnly*) Aye.

THE STEWARD. The two years we all signed up for are done this day. Blessed Christ! Two years o' this dog's life, and no luck in the fishin', and the hands half starved with the food runnin' low, rotten as it is; and not a sign of him turnin' back for home! (*Bitterly*) Home! I begin to doubt if ever I'll set foot on land again. (*Excitedly*) What is it he thinks he's goin' to do? Keep us all up here after our time is worked out till the last man of us is starved to death or frozen? We've grub enough hardly to last out the voyage back if we started now. What are the men goin' to do 'bout[1] it? Did ye hear any talk in the fo'c's'tle?

BEN. (*going over to him—in a half-whisper*) They said if he don't put back south for home today they're goin' to mutiny.

THE STEWARD. (*with grim satisfaction*) Mutiny? Aye, 'tis the only thing they can do; and serve him right after the manner he's treated them—'s[2] if they weren't no better nor dogs.

---

1) 'bout: about
2) 's: as

요리사 (*노기에 차서*): 들으라지, 빌어먹을 선장, 빌어먹을 북극해, 선장의 이 빌어먹을 포경선, 이런 배를 탄 나도 빌어먹을 바보고! (*이러한 폭발이 소용없다는 것을 깨달은 듯 진정이 되며—그의 머리를 흔들고—서서히, 깊은 확신에 차서*) 놈은 강한 놈이야—바다를 항해한 적이 있는 어떤 놈 못지않게 강한 놈이지.

벤 (*심각하게*): 그래요.

요리사: 우리 모두가 계약한 2년이 오늘로 끝나지. 팔자도 좋지! 2년 동안의 개 같은 생활, 불운의 고래잡이, 지금 실정으로는 떨어져 가는, 썩은 음식으로 인해 반은 굶주린 선원들, 고향으로 되돌아갈 기색이 전혀 없는 선장! (*격렬히*) 고향! 글쎄 난 내가 다시 육지에 발을 디딜까를 의심하기 시작했어. (*격분하여*) 도대체 선장은 무엇을 하려는 거야? 우리 계약이 끝난 뒤에 마지막 한 사람까지 굶어죽거나 얼어 죽을 때까지 우리 모두를 여기에 붙잡아둘 판인가? 당장 고향으로 되돌아간다 해도 식량이 거의 모자랄 지경인데. 선원들은 이 일을 어찌 하려는 거야? 선실에서 무슨 말들 없었냐?

벤 (*그에게 가서—거의 귓속말에 가깝게*): 오늘 선장이 고향을 향해 남쪽으로 배를 돌리지 않으면 폭동을 일으킨대요.

요리사 (*비장한 만족감을 보이며*): 폭동? 그렇지, 그것이 그들이 할 수 있는 유일한 길이야. 선원들을 그 꼴로 대한 응분의 대가지—개보다도 못했어.

BEN. The ice is all broke up to s'uth'ard[1]. They's[2] clear water 's far 's[3] you can see. He ain't got no excuse[4] for not turnin' back for home, the men says.

THE STEWARD. (*bitterly*) He won't look nowheres but no'the' ard where they's only the ice to see. He don't want to see no clear water. All he thinks on is gittin' the ile—'s[5] if it was our fault he ain't[6] had good luck with the whales. (*Shaking his head*) I think the man's mighty nigh losin' his senses.

BEN. (*awed*) D'you really think he's crazy?

THE STEWARD. Aye, it's the punishment o' God on him. Did ye ever hear of a man who wasn't crazy do the things he does? (*Pointing to the door in rear*) Who but a man that's mad would take his woman—and as sweet a woman as ever was —on a stinkin' whalin' ship to the Arctic seas to be locked in by the rotten ice for nigh on a year, and maybe lose her senses forever—for it's sure she'll never be the same again.

BEN. (*sadly*) She useter[7] be awful nice to me before—(*his eyes grow wide and frightened*)—she got—like she is.

1) s'uth'ard: southward
2) They's: There's
3) 's far 's: as far as
4) He ain't got no excuse: He has got no excuse
5) 's: as
6) ain't: hadn't
7) useter: used to

벤: 남쪽으로 얼음이 다 녹았어요. 눈이 미치는 데까지 깨끗한 물이 보여요. 선원들 말이 선장은 고향으로 돌아가지 않을 어떠한 명분이 없데요.

요리사 (*격렬하게*): 선장은 오직 얼음만 보이는 북쪽 외에는 어디도 보려고 하지 않아. 깨끗한 물을 보는 것도 원치 않을 거야. 선장의 생각은 온통 고래를 잡는 것이지—그가 운이 나빠 고래를 못 잡은 것이 마치 우리의 실수인양 말이야. (*머리를 흔들며*) 거의 제정신을 잃은 것 같아.

벤 (*놀래서*): 정말로 그가 미쳤다고 생각해요?

요리사: 그래, 하느님이 내린 벌이지. 미치지 않고서야 그가 그런 짓을 할 수 있을까? (*뒤쪽 문을 가리키며*) 미치지 않고서야 누가 자기 아내를 데리고 올까—매우 귀여운 여자를 말이야—역겨운 포경선에 태우고 북극해로 나와서 거의 일 년씩이나 빌어먹을 얼음 속에 가둬두니, 아마 부인은 영영 미칠 거야—다시는 결코 제정신으로 돌아갈 수 없을 거야.

벤 (*슬프게*): 부인은 전에 저한테 끔찍이 잘 대해줬어요—(*눈이 커지고 두려움을 느끼며*)—좋은 분이셨어요—지금처럼 되기 전에는 말예요.

THE STEWARD. Aye, she was good to all of us. 'Twould[1] have been hell on board without her; for he's a hard man—a hard, hard man—a driver if there ever was one. (*With a grim laugh*) I hope he's satisfied now—drivin' her on till she's near lost her mind. And who could blame her? 'Tis a God's wonder we're not a ship full of crazed people—with the damned ice all the time, and the quiet so thick you're afraid to hear your own voice.

BEN. (*with a frightened glance toward the door on right*) She don't never speak to me no more[2]—jest looks at me's[3] if she didn't know me.

THE STEWARD. She don't know no one[4]—but him. She talks to him—when she does talk—right enough.

BEN. She does nothin' all day long now but sit and sew[5]—and then she cries to herself without makin' no noise. I've seen her.

THE STEWARD. Aye, I could hear her through the door a while back.

BEN. (*tiptoes over to the door and listens*) She's cryin' now.

---

1) 'Twould: It would
2) She don't never speak to me no more: She never speaks to me any more
3) jest looks at me's: just looks at me as
4) She don't know no one: She doesn't know any one
5) sew: see

요리사: 그럼, 우리들 모두한테 잘 했지. 부인이 없었더라면 이 배는 지옥 같았을 거야. 선장이 냉정한 놈이거든—매정하고 매정한 놈이지—만약 그런 사람이 있었다면 십장 같은 놈이지. (*암울한 미소를 지으며*) 그가 지금쯤은 만족했겠지. 아내가 거의 미칠 지경이 되도록 계속 몰아갔으니. 그리고 누구도 부인을 책망하지 못할걸? 이 배가 미치광이들로 가득하지 않은 것이 불가사의한 일이지—늘 빌어먹을 얼음 천지고, 그리고 침묵이 너무 두텁게 드리워져 자기 자신의 목소리를 듣는 것이 두려운 마당에.

벤 (*오른쪽 문 쪽으로 두려운 눈길을 보내며*): 부인이 저한테는 결코 말을 안 해요—마치 나를 몰라보는 듯이 그저 보기만 해요.

요리사: 아무도 몰라봐—선장만 알아보지. 선장한테 말을 하지—꼭 말을 할 경우—틀림없이.

벤: 그녀는 지금 하루 종일 내내 앉아서 뜨개질만 할 뿐 아무것도 안 해요—그러다가는 아무 소리도 없이 혼자 울어요. 내가 봤어요.

요리사: 그래, 요전에 나도 문을 통해 들었어.

벤 (*발끝으로 문으로 가서 귀를 기울인다.*): 지금 울고 있어요.

THE STEWARD. (*furiously—shaking his fist*) God send his soul to hell for the devil he is!

There is the noise of someone coming slowly down the companionway stairs, THE STEWARD hurries to his stacked-up dishes. He is so nervous from fright that he knocks off[1] *the top one, which falls and breaks on the floor. He stands aghast, trembling with dread, BEN is violently rubbing off the organ with a piece of cloth which he has snatched from his pocket, CAPTAIN KEENEY appears in the doorway on right and comes into the cabin, removing his fur cap as he does so. He is a man of about forty, around five-ten in height but looking much shorter on account of the enormous proportions of his shoulders and chest. His face is massive and deeply lined, with gray-blue eyes of a bleak hardness, and a tightly clenched, thin-lipped mouth. His thick hair is long and gray. He is dressed in a heavy blue jacket and blue pants stuffed into his sea-boots. He is followed into the cabin by the SECOND MATE, a rangy six-footer with a lean weather-beaten face. The MATE is dressed about the same as the CAPTAIN. He is a man of thirty or so.*

KEENEY. (*comes toward THE STEWARD—with a stern look on his face, THE STEWARD is visibly frightened and the stack of dishes rattles in his trembling hands, KEENEY draws back his fist and THE STEWARD shrinks away. The fist is gradually lowered and KEENEY speaks slowly*) 'T would be like hitting a worm. It is nigh on two bells, Mr. Steward, and this truck not cleared yet.

THE STEWARD. (*stammering*) Y-y-yes, sir.

---

1) *knock off*: 해치우다, 끝내다

요리사 (*발끈 화를 내서—주먹을 흔들며*): 지옥에 떨어져 죽어버릴 자식!

어떤 사람이 승강구 계단을 천천히 내려오는 소리가 들린다. 요리사는 쌓인 접시들 쪽으로 서둘러 간다. 공포심 때문에 매우 신경과민이 되어 맨 위에 있는 접시를 끝내다가 그것이 마루에 떨어져 깨진다. 그는 두려움에 떨면서 어찌할 바를 몰라 서 있다. 벤은 호주머니에서 끄집어낸 헝겊조각으로 격렬하게 오르간을 문지른다. 키니 선장이 오른쪽 출입구에서 선실로 들어와 평소대로 털모자를 벗는다. 약 40세 되는 사내인데, 키가 5피트 10인치쯤의 장신이지만 어깨와 가슴이 무척 크기 때문에 훨씬 더 작게 보인다. 얼굴은 엄청나게 크고 움푹 파인 주름을 하고 있으며 무척 냉정한 청회색 눈에다 굳게 다문 엷은 입술을 하고 있다. 숱이 많은 머리카락은 길고 잿빛이다. 복장은 진한 청색 재킷에다 선원용 장화에 밀어 넣어진 청바지 차림이다. 메마르고 풍우설한에 시달린 얼굴을 하고 팔다리가 긴 육척 장신의 사나이인 이등항해사가 선장을 따라 선실로 들어선다. 그는 선장과 거의 비슷한 복장을 하고 있다. 나이는 30쯤 되어 보인다.

키니 (*요리사 쪽으로 간다—얼굴에 엄한 표정을 지으며. 요리사는 분명히 겁을 먹은 모습이다. 떨리는 양손에 쥔 접시들이 달가닥거린다. 키니가 주먹을 들어 올리고 요리사는 피한다. 주먹이 점점 내려가고 키니가 천천히 말한다.*): 벌레를 때려눕히는 격이지. 거의 두 점—한 시—이야, 요리사, 그런데 아직 밥상도 치우지 않고 있어.

요리사 (*더듬거리며*): 이-이-예, 선장님.

KEENEY. Instead of doin' your rightful work ye've[1] been below here gossipin' old woman's talk with that boy. (*To BEN, fiercely*) Get out o' this, you! Clean up the chart-room. (*BEN darts past the MATE to the open doorway*) Pick up that dish, Mr. Steward!

THE STEWARD. (*doing so with difficulty*) Yes, sir.

KEENEY. The next dish you break, Mr. Steward, you take a bath in the Bering Sea at the end of a rope.

THE STEWARD. (*tremblingly*) Yes, sir. (*He hurries out. The SECOND MATE walks slowly over to the CAPTAIN.*)

MATE. I warn't 'specially[2] anxious the man at the wheel should catch what I wanted to say to you, sir. That's why I asked you to come below.

KEENEY. (*impatiently*) Speak your say, Mr. Slocum.

MATE. (*unconsciously lowering his voice*) I'm afeard[3] there'll be trouble with the hands by the look o' things. They'll likely turn ugly, every blessed one o' them, if you don't put back. The two years they signed up for is up today.

---

1) ye've: you've
2) warn't 'specially: wasn't especially
3) afeard: afraid의 고어방언

키니: 마땅히 해야 할 일은 안하고 이 밑에서 늙은 여자처럼 저 어린애하고 쑥덕공론을 하고 있었군. (*벤에게, 사납게*) 당장, 나가! 해도실(海圖室)을 치워. (*벤은 항해사를 지나 열린 출입구로 돌진한다.*) 요리사, 접시를 주워!

요리사 (*힘들게 접시를 주워들면서*): 예, 선장님.

키니: 요리사, 다음에 접시를 깨면, 밧줄 한 끝에 매달려 베링 해(海)에서 목욕을 할 줄 알아.

요리사 (*떨면서*): 예, 선장님. (*황급히 나간다. 이등항해사는 천천히 선장에게 걸어간다.*)

항해사: 유달리 조타수(키잡이)가 제 말을 들을까 염려되어 이곳에 내려와 주십사하고 청한 것입니다.

키니 (*참을성 없이*): 말해 보게, 슬로컴.

항해사 (*무의식적으로 소리를 낮추며*): 꼴을 보니 선원들이 무슨 일을 저지를까 걱정이 됩니다. 험악한 일을 할 것 같아요. 전 선원들이 말입니다. 만약 선장님이 배를 돌리지 않으면요. 2년 계약이 오늘로 끝납니다.

KEENEY. And d'you think you're tellin' me somethin' new, Mr. Slocum? I've felt it in the air this long time past. D' you think I've not seen their ugly looks and the grudgin' way they worked? (*The door in rear is opened and MRS. KEENEY stands in the doorway. She is a slight, sweet-faced little woman primly dressed in black. Her eyes are red from weeping and her face drawn and pale. She takes in the cabin with a frightened glance and stands as if fixed to the spot by some nameless dread, clasping and unclasping her hands nervously. The two men turn and look at her.*)

KEENEY. (*with rough tenderness*) Well, Annie?

MRS. KEENEY. (*as if awakening from a dream*) David, I—(*She is silent. The MATE starts for the doorway.*)

KEENEY. (*turning to him—sharply*) Wait!

MATE. Yes, sir.

KEENEY. D'you want anything, Annie?

MRS. KEENEY. (*after a pause, during which she seems to be endeavoring to collect her thoughts*) I thought maybe—I'd go on deck, David, to get a breath of fresh air. (*She stands humbly awaiting his permission. He and the MATE exchange a significant glance.*)

KEENEY. It's too cold, Annie. You'd best stay below today. There' s nothing to look at on deck—but ice.

키니: 새로운 사실을 말하고 있다고 생각하나, 슬로컴? 오래 전에 그런 분위기를 알고 있었어. 선원들의 험악한 표정들하고 마지못해 일하는 꼴을 몰랐을 것 같아? (*뒷문이 열리고 키니 부인이 출입구에 서 있다. 홀쭉하고 귀여운 얼굴을 한 작은 여자인데 까만 옷을 단정하게 입고 있다. 두 눈은 울어서 빨갛고 얼굴은 핼쑥하고 창백하다. 그녀는 놀란 눈길로 선실에 들와 어떤 이름 모를 두려움 때문에 그 장소에 딱 붙어버린 것처럼 서서, 두 손을 신경질적으로 쥐었다 폈다 한다. 두 남자는 돌아서서 그녀를 본다.*)

키니 (*무뚝뚝한 애정으로*): 왜, 애니?

부인 (*마치 꿈에서 깨어난 것처럼*): 데이빗! 전—(*그녀가 침묵한다. 항해사는 출입구로 간다.*)

키니 (*그를 향해 돌아서며—날카롭게*): 기다려!

항해사: 예, 선장님.

키니: 무슨 일이 있나, 애니?

부인 (*잠시 후. 그 사이 그녀의 생각들을 모으려고 노력하는 것처럼 보인다.*): 전, 저—데이빗, 갑판 위에 가서 신선한 공기나 마실까 했어요. (*선장의 허락을 기다리며 공손히 서있다. 선장과 항해사는 의미심장한 눈길을 교환한다.*)

키니: 너무 추워, 애니. 오늘은 밑에 있는 게 좋을 걸. 갑판에 볼 것이란 하나도 없어—얼음뿐이야.

MRS. KEENEY. (*monotonously*) I know—ice, ice, ice! But there's nothing to see down here but these walls. (*She makes a gesture of loathing.*)

KEENEY. You can play the organ, Annie.

MRS. KEENEY. (*dully*) I hate the organ. It puts me in mind of home.

KEENEY. (*a touch of resentment in his voice*) I got it jest[1] for you.

MRS. KEENEY. (*dully*) I know. (*She turns away from them and walks slowly to the bench on left. She lifts up one of the curtains and looks through a porthole; then utters an exclamation of joy*) Ah, water! Clear water! As far as I can see! How good it looks after all these months of ice! (*She turns round to them, her face transfigured with joy*) Ah, now I must go up on the deck and look at it, David.

KEENEY. (*frowning*) Best not today, Annie. Best wait for a day when the sun shines.

MRS. KEENEY. (*desperately*) But the sun never shines in this terrible place.

KEENEY. (*a tone of command in his voice*) Best not today, Annie.

MRS. KEENEY. (*crumbling before this command—abjectly*) Very well, David. (*She stands there staring straight before her as if in a daze. The two men look at her uneasily.*)

1) jest: just

부인 (*단조롭게*): 알아요—얼음, 얼음, 얼음! 그렇지만 아래 이곳도 이 벽들 외에는 아무것도 볼 것이 없어요. (*염증의 몸짓을 한다.*)

키니: 오르간을 치면 되지, 애니.

부인 (*심드렁하게*): 오르간은 싫어요. 고향 생각을 나게 하니까요.

키니 (*목소리에 화난 기미를 보이며*): 단지 당신을 위해 샀어.

부인 (*맥없이*): 알아요. (*그녀는 두 사람으로부터 몸을 돌려 왼쪽 벤치로 천천히 걸어간다. 그녀는 커튼 하나를 올리고 현창*〔*둥근 창*〕*을 통해 내다본다. 그리고서 환희의 탄성을 지른다.*) 아, 물! 맑은 물! 제 눈길이 닿을 수 있는 데까지! 수개월간 얼음만 보다가 물을 보니 정말 멋져요! (*그녀는 기쁨으로 변모한 얼굴을 하고 두 사람을 향해 돌아선다.*) 아, 지금 갑판에 올라가 그것〔맑은 물〕을 구경해야겠어요, 데이빗.

키니 (*얼굴을 찌푸리며*): 오늘은 좋지 않아, 애니. 해가 비출 때까지 기다려.

부인 (*절망적으로*): 하지만 이 끔찍한 곳에는 해가 결코 비추지 않을 거예요.

키니 (*명령적인 말투로*): 오늘은 그만두라니까, 애니.

부인 (*명령 앞에 무너지며—절망적으로*): 좋아요, 데이빗. (*정신을 잃은 사람처럼 그녀 앞을 똑바로 바라보며 거기에 서있다.*)

KEENEY. (*sharply*) Annie!

MRS. KEENEY. (*dully*) Yes, David.

KEENEY. Me and Mr. Slocum has business to talk about—ship's business.

MRS. KEENEY. Very well, David. (*She goes slowly out, rear, and leaves the door three-quarters shut behind her.*)

KEENEY. Best not have her on deck if they's[1)] goin' to be any trouble.

MATE. Yes, sir.

KEENEY. And trouble they's going to be. I feel it in my bones[2)]. (*Takes a revolver from the pocket of his coat and examines it*) Got your'n[3)]?

MATE. Yes, sir.

1) they's: there's
2) feel something in one's bones: 피부에 와 닿다, 뼛속 깊이 느끼다, 절감하다, 확실하다
3) Got your'n: Have you got yours

키니 (*날카롭게*): 애니!

부인 (*맥없이*): 네, 데이빗.

키니: 나하고 슬로컴은 업무상 할 얘기가 있어—배 일 때문에.

부인: 알겠어요, 데이빗. (*그녀는 뒤쪽으로 천천히 나가서 문을 좀 열어놓은 채 사라진다.*)

키니: 선원들이 말썽을 일으킬 것 같으면 아내를 갑판에 있지 않도록 하게.

항해사: 예, 선장님.

키니: 그리고 소동을 일으킬 거야. 나도 피부에 와 닿아. (*코트 주머니에서 권총을 꺼내서 검사한다.*) 자네도 있나?

항해사: 예, 선장님.

KEENEY. Not that well have to use 'em[1]—not if I know their breed of dog[2]—jest[3] to frighten 'em up a bit (*Grimly*) I ain't never been forced to use one yit[4]; and trouble I've had by land and by sea's long as I kin[5] remember, and will have till my dyin' day, I reckon.

MATE. (*hesitatingly*) Then you ain't[6] goin'—to turn back?

KEENEY. Turn back? Mr. Slocum, did you ever hear o' me pointin' s'uth[7] for home with only a measly four hundred barrel of ile in the hold?

MATE. (*hastily*) No, sir—but the grub's gittin' low.

KEENEY. They's enough to last a long time yit[8], if they're careful with it; and they's plenty o' water.

MATE. They say it's not fit to eat—what's left; and the two years they signed on fur[9] is up today. They might make trouble for[10] you in the courts when we git[11] home.

---

1) 'em: them
2) know one's breed of dog: 속속들이 알다(have a thorough [full; detailed] knowledge)
3) jest: just
4) I ain't never been forced to use one yit: I have never been forced to use one yet
5) 's long as I kin: as long as I can
6) ain't: aren't
7) s'uth: south
8) They's enough to last a long time yit: There's enough to last a long time yet
9) sign on for: …에 종사할 것을 서명 계약하다
10) make trouble for: 남을 괴롭히다, 애먹이다
11) git: get

키니: 우리가 이걸 사용할 필요는 없어—내가 놈들을 속속들이 알면 말이야—놈들을 좀 놀라게 해줄 뿐이야. (*무섭게*) 난 아직 결코 이걸 사용하도록 강요받은 적은 없어. 그런데 내가 기억할 수 있는 한 육지와 바다에서 시끄러운 일을 겪었지. 아마 죽는 날까지 그럴 거야.

항해사 (*주저하면서*): 그럼 안하시고 있나요—돌아갈 생각을?

키니: 돌아간다고? 슬로컴, 일찍이 내가 보잘 것 없는 쥐꼬리만 한 400통의 고래 기름을 싣고 고향을 향해 남쪽으로 돌리는 것을 들어 본 적 있나?

항해사 (*서둘러서*): 아뇨, 선장님—그렇지만 식량이 떨어져 갑니다.

키니: 조심해서 먹으면 아직은 장시간 지탱하기에 충분해. 그리고 많은 물도 있고.

항해사: 식용으로 적합하지 않아요—남은 식량이. 그리고 선원들의 2년 계약이 오늘로 끝납니다. 고향에 돌아가도 법정에서 선장님을 괴롭힐 겁니다.

KEENEY. To hell with[1] 'em! Let them make what law trouble they kin[2]. I don't give a damn 'bout the money. I've got to git[3] the ile! (*Glancing sharply at the MATE*) You ain't turnin' no[4] damned sea-lawyer[5], be you[6], Mr. Slocum?

MATE. (*flushing*) Not by a hell of a sight, sir.

KEENEY. What do the fools want to go home fur[7] now? Their share o' the four hundred barrel wouldn't keep 'em in chewin' terbacco[8].

MATE. (*slowly*) They wants to git back to their folks an' things, I s'pose.[9]

KEENEY. (*looking at him searchingly*) 'N[10] you want to turn back, too. (*The MATE looks down confusedly before his sharp gaze*) Don't lie, Mr. Slocum. It's writ[11] down plain in your eyes. (*With grim sarcasm*) I hope, Mr. Slocum, you ain't agoin' to jine the men again me[12].

---

1) To hell with: 될 대로 되라지 [~는 어찌 되는 말든]
2) kin: can
3) git: get
4) ain't turnin' no: aren't turning
5) sea-lawyer: 1. (구어: 항해) 불평잔소리 잘하는 선원2. (속어) 귀찮은 녀석
6) be you: are you
7) fur: for
8) terbacco: tobacco
9) They wants to git back to their folks an' things, I s'pose.: They want to get back to their folks and things, I suppose.
10) 'N: And
11) writ: written
12) you ain't agoin' to jine the men again me: you aren't agoing to join the men again me

키니: 될 대로 되라지! 놈들이 어떻게 법적으로 괴롭히더라도 내버려 두는 거야. 난 돈에 대해선 털끝만한 관심도 없어. 고래를 잡아야 해! (*항해사를 날카롭게 힐끗 보며*) 자네마저 날 괴롭히는 선원이 되려는 건 아니겠지, 그렇지, 슬로컴?

항해사 (*얼굴이 붉어져*): 그럴 리가 있겠습니까, 선장님.

키니: 저 바보들은 지금 뭣 때문에 고향으로 돌아가고 싶은 거야? 400통의 몫으로는 씹는 담뱃값도 못나올 텐데.

항해사 (*천천히*): 자기 가족에게 돌아가고 싶어서 그렇겠죠.

키니 (*뚫어지게 그를 바라보며*): 자네도 돌아가고 싶단 말이지. (*항해사는 그의 날카로운 눈길 앞에 당황하여 밑을 본다.*) 거짓말 마, 슬로컴. 자네 눈에 분명히 쓰여 있어. (*단호히 빈정대는 투로*) 슬로컴, 놈들하고 한 패가 돼서 나한테 대들지 않으면 좋겠군.

MATE. (*indignantly*) That ain't fair, sir, to say sich things.[1)]

KEENEY. (*with satisfaction*) I warn't[2)] much afeard o' that, Tom. You been with me nigh on ten year and I've learned ye whalin'. No man kin say I ain't a good master[3)], if I be a hard one.

MATE. I warn't[4)] thinkin' of myself, sir—'bout turnin' home, I mean. (*Desperately*) But Mrs. Keeney, sir—seems like she ain't jest[5)] satisfied up here, ailin' like—what with the cold an' bad luck an' the ice an' all.

---

1) That ain't fair, sir, to say sich things.: That isn't fair, sir, to say such things.

2) warn't: wasn't

3) You been with me nigh on ten year and I've learned ye whalin'. No man kin say I ain't a good master: You have been with me nigh on ten years and I've learned you whaling. No man can say I ain't a good master

4) warn't: wasn't

5) ain't jest: isn't just

항해사 (*화를 내며*): 선장님, 어떻게 그런 말씀을 하실 수 있어요.

키니 (*만족해서*): 난 그걸 두려워하지 않네. 자넨 나하고 거의 10년을 같이 지냈고 내가 고래잡이를 가르쳐 주었지. 내가 매정하기는 하지만 좋은 선생이 아니라고 말할 수 있는 사람은 아무도 없어.

항해사: 저를 위해 생각하는 것은 아닙니다, 선장님—배를 돌리는 것 말입니다. (*절망적으로*) 그렇지만 부인께서—여기 있는 걸 만족해하지 않으신 것 같아요—춥고, 운도 나쁘고 얼음이 이 꼴이니, 몸도 편치 않으신 것 같고요.

KEENEY. (*his face clouding—rebukingly but not severely*) That's my business, Mr. Slocum. I'll thank you to steer a clear course[1] o'[2] that. (*A pause*) The ice'll break up[3] soon to no'th'ard. I could see it startin' today. And when it goes and we git[4] some sun Annie'll perk up[5]. (*Another pause—then he bursts forth*[6]) It ain't[7] the damned money what's keepin' me up in the Northern seas, Tom. But I can't go back to Homeport with a measly four hundred barrel of ile. I'd die fust[8]. I ain't never come back home[9] in all my days without a full ship. Ain't[10] that truth?

MATE. Yes, sir; but this voyage you been icebound, an'[11]—

1) steer a course: 진로를 따르다
2) o': of
3) *break up*: 부서지다
4) git: get
5) perk up: 기운을 차리다
6) burst forth: 갑자기 …하기 시작하다
7) ain't: isn't
8) fust: first
9) I ain't never come back home: I have never come back home
10) Ain't: Isn't
11) you been icebound, an': you have been icebound, and

키니 (*안색이 흐려지며—비난을 하지만 그렇게 심하지는 않게*): 그건 내 일이야, 슬로컴. 그 점에 대해서는 분명히 알아주면 고맙겠네. (잠시 후) 북쪽으로 곧 얼음이 녹을 거야. 오늘부터 시작했어. 그리고 얼음이 녹으면 태양도 보게 될 것이고 애니도 기운을 차리겠지. (*다시 사이—이어 갑자기 말하기 시작한다.*) 이 북쪽 바다에 내가 이렇게 붙어 있는 건 우라질 돈 때문이 아니야. 그렇지만 쥐꼬리만 한 400통의 고래 기름을 가지고 돌아갈 수는 없어. 오히려 죽는 게 좋아. 난 배에 가득 싣지 않고서는 일생동안 결코 돌아간 적이 없어. 그렇지 않나?

항해사: 예, 선장님. 하지만 이번 항해는 얼음에 갇히고, 그리고—

KEENEY. (*scornfully*) And d'you s'pose any of 'em would believe that —any o' them skippers I've beaten voyage after voyage? Can't you hear 'em laughin' and sneerin'—Tibbots 'n'[1] Harris 'n' Simms and the rest—and all o' Homeport makin' fun o' me? "Dave Keeney what boasts he's the best whalin' skipper out o' Homeport comin' back with a measly four hundred barrel of ile?" (*The thought of this drives him into a frenzy*[2]*, and he smashes his fist down on*[3] *the marble top of the sideboard*) Hell! I got to git the ile, I tell you[4]. How could I figger on[5] this ice? It's never been so bad before in the thirty year I been acomin' here. And now it's breakin' up. In a couple o' days it'll be all gone. And they's[6] whale here, plenty of 'em. I know they is and I ain't never gone wrong yit.[7] I got to git the ile! I got to git it in spite of all hell, and by God, I ain't agoin' home till I do git it! (*There is the sound of subdued sobbing from the door in the rear. The two men stand silent for a moment, listening. Then KEENEY goes over to the door and looks in. He hesitates for a moment as if he were going to enter—then closes the door softly, JOE, the harpooner, an enormous six-footer with a battered, ugly face, enters from right and stands waiting for the captain to notice him.*)

KEENEY. (*turning and seeing him*) Don't be standin' there like a gawk, Harpooner. Speak up!

---

1) 'n': and
2) *drive one into a frenzy*: 을 미치게 하다
3) *smash one's fist down on*: 을 주먹으로 내리치다
4) I tell you: 정말이다
5) figure on: ~을 계획하다 [예상하다]
6) they's: there's
7) I know they is and I ain't never gone wrong yit.: I know there is and I have never gone wrong yet.

키니 (*멸시하듯이*): 누가 그걸 믿어줄 줄 아나—내가 매 항해 때마다 손들게 만든 다른 선장들이 그걸 믿을 것으로 생각하나? 티봇스나 해리스, 심즈 기타 등등의 친구들이 날 비웃고 조롱하고—항구의 모든 친구들이 "항구에서 제일가는 포경선 선장이라고 뽐내는 데이브 키니가 겨우 400통의 고래 기름밖에 못가지고 돌아왔어?"라고 날 놀리는 소리가 들리지 않나? (*이 생각은 그를 미칠 지경으로 만들고, 그는 대리석을 붙인 사이드보드(찬장)의 꼭대기를 그의 주먹으로 내리친다.*) 빌어먹을! 정말이지, 고래를 잡아야겠어. 내가 어떻게 이 얼음을 예상할 수 있었단 말인가? 내가 여기에 온지가 30년이 되지만 전에는 결코 이렇게 심해 본 적은 없었어. 근데 이제 얼음이 부서지고 있어. 2, 3일 후면 완전히 사라질 거야. 그럼 이곳에 고래가 있을 거야, 많은 고래들이. 난 알고 있지, 아직 결코 틀려 본 적이 없어. 고래를 잡아야 해! 무슨 일이 있어도 잡아야 하고, 맹세코 고래를 잡을 때까지는 집에 돌아가지 않을 걸세. (*뒷문에서 가라앉은 흐느끼는 소리가 들린다. 두 사람은 귀를 기울이며 잠시 말없이 서있다. 이어 키니가 문으로 가서 안을 들여다본다. 마치 들어갈 것처럼 잠깐 망설인다.—그리고서 가만히 문을 닫는다. 6피트 거구의 키에 망가지고 흉악한 얼굴을 한 작살 잡이 조가 오른 쪽에서 들어와서 선장이 그를 알아차릴 때까지 기다리며 서있다.*)

키니 (*돌아서서 그를 보며*): 바보처럼 거기 서있지 말고, 얘기를 해봐!

JOE. (*confusedly*) We want—the men, sir—they wants to send a depitation[1] aft[2] to have a word with you.

KEENEY. (*furiously*) Tell 'em to go to—[3] (*Checks himself and continues grimly*) Tell 'em to come. I'll see 'em.

JOE. Aye, aye, sir. (*He goes out.*)

KEENEY. (*with a grim smile*) Here it comes, the trouble you spoke of, Mr. Slocum, and we'll make short shift of it. It's better to crush such things at the start than let them make headway[4].

MATE. (*worriedly*) Shall I wake up the First and Fourth, sir? We might need their help.

KEENEY. No, let them sleep. I'm well able to handle this alone, Mr. Slocum. (*There is the shuffling of footsteps from outside and five of the crew crowd into the cabin, led by JOE. All are dressed alike—sweaters, sea-boots, etc. They glance uneasily at the CAPTAIN, twirling their fur caps in their hands.*)

KEENEY. (*after a pause*) Well? Who's to speak fur ye[5]?

JOE. (*stepping forward with an air of bravado*) I be.

---

1) depitation: deputation: 대표 (사절)단
2) aft: after
3) go to-: go to (hell): 《명령문에서》 뒈져버려; 꺼져; 닥쳐
4) make headway: 나아가다, 진전하다
5) fur ye: for you

조 (*당황해 하며*): 우리들은—선원들 말입니다, 선장님—대표단을 보내 선장님하고 얘기하기를 원합니다.

키니 (*화를 내며*): 놈들에게 말해, 당장—(*자신을 억제하고 무섭게 말을 계속한다.*) 오라고 말해. 만나줄 테니까.

조: 예, 예, 선장님. (*그가 나간다.*)

키니 (*엄한 미소를 지으며*): 자네가 말했던 소동이 다가오는군, 슬로컴. 간단히 해치워야지. 이런 일은 시초에 진압해버려야 해, 진전하게 하면 못써.

항해사 (*걱정스러워서*): 1등 항해사와 4등 항해사도 깨울까요? 그 친구들의 협력이 필요할지도 모르니까요.

키니: 아니야, 자도록 내버려둬. 나 혼자서 이 일을 해치울 수 있으니까, 슬로컴. (*밖에서 발을 끌며 걷는 소리가 나더니 조를 따라 선원 5명이 선실로 들어온다. 모두 같은 복장을 하고 있다—스웨터, 긴 방수장화 등. 그들은 털모자를 손으로 돌리며 어색하게 선장을 본다.*)

키니 (*잠시 후*): 그래? 누가 대신해서 얘기하는 거야?

조 (*허세를 부리는 태도로 앞으로 나오며*): 접니다.

KEENEY. (*eyeing him up and down coldly*) So you be. Then speak your say and be quick about it.

JOE. (*trying not to wilt before the CAPTAIN's glance and avoiding his eyes*) The time we signed up for is done today.

KEENEY. (*icily*) You're tellin' me nothin' I don't know.

JOE. You ain't pintin' fur home yit, far's we kin see.[1]

KEENEY. No, and I ain't agoin' to till this ship is full of ile.

JOE. You can't go no further no'the with the ice afore ye[2].

KEENEY. The ice is breaking up.

JOE. (*after a slight pause during which the others mumble angrily to one another*) The grub we're gittin' now is rotten.

KEENEY. It's good enough fur ye. Better men than ye are have eaten worse. (*There is a chorus of angry exclamations from the crowd.*)

JOE. (*encouraged by this support*) We ain't agoin' to work no more 'less you puts back for home.[3]

---

1) You ain't pintin' fur home yit, far's we kin see.: You aren't pinting for home yet, as far as we can see.

2) no'the with the ice afore ye: north with the ice before you

3) We ain't agoin' to work no more 'less you puts back for home.: We aren't agoing to work no more unless you put back for home.

키니 (*냉정하게 그를 위 아래로 훑어보며*): 자네군. 그럼 말해 봐, 빨리 끝내라고.

조 (*선장의 눈초리에 풀이 죽지 않으려고 애쓰고 그의 눈을 피하면서*): 우리가 계약한 날짜가 오늘로 다 됐습니다.

키니 (*차갑게*): 다 아는 걸 얘기해서 뭣해.

조: 우리가 아는 한, 돌아갈 맘이 없으시죠?

키니: 그래, 이 배가 고래로 가득할 때까지는 안 돌아가.

조: 우리 앞에 놓인 얼음 때문에 더 이상 나갈 수가 없어요.

키니: 얼음이 녹고 있어.

조 (*잠시 후 다른 친구들이 화가 나서 서로 중얼거리는 사이*): 지금 먹고 있는 음식이 형편없습니다.

키니: 그 정도면 자네들에게 충분히 좋아. 자네들보다 더 나은 사람들도 그보다 더 나쁜 음식을 먹었어. (*선원들로부터 분노한 절규의 합창이 들린다.*)

조 (*이 지지에 고무되어*): 배를 돌리지 않으면 더 이상 일을 하지 않겠어요.

KEENEY. (*fiercely*) You ain't, ain't you?[1]

JOE. No; and the law courts'll say we was[2] right.

KEENEY. To hell with your law courts! We're at sea now and I'm the law on this ship. (*Edging up*[3] *toward the harpooner*) And every mother's son[4] of you what don't obey orders goes in irons[5]. (*There are more angry exclamations from the crew. MRS. KEENEY appears in the doorway in rear and looks on with startled eyes. None of the men notice her.*)

JOE. (*with bravado*) Then we're agoin' to mutiny and take the old hooker[6] home ourselves. Ain't we[7], boys? (*As he turns his head to look at the others, KEENEY's fist shoots out*[8] *to the side of his jaw. JOE goes down in a heap*[9] *and lies there, MRS. KEENEY gives a shriek and hides her face in her hands. The men pull out their sheath-knives and start a rush, but stop when they find themselves confronted by the revolvers of KEENEY and the MATE.*)

---

1) You ain't, ain't you?: You aren't, are you?
2) was: were
3) *edge up*: …에 조금씩 다가가다; (실력 따위가) …에 접근하다
4) every mother's son: 누구든지
5) go in irons: cf. put《a person》in irons: 쇠고랑을 채우다
6) the old hooker: 배
7) Ain't we: Aren't we
8) *shoot out*: [손발 따위]를 불쑥 내밀다
9) *go down in a heap*: 쿵하고 쓰러지다 (넘어지다)

키니 (*사납게*): 일을 안한다, 안하겠다고?

조: 안합니다. 그리고 재판소도 우리가 옳았다고 말할 걸요.

키니: 재판소가 어찌 되든 말든! 우리는 지금 바다에 있고 내가 바로 이 배의 법이야. (*조를 향해 조금씩 다가가며*) 내 명령에 복종하지 않는 놈은 누구든지 쇠고랑을 차게 될 거야. (*더 분노한 절규가 선원들로부터 들린다. 키니부인이 뒤 출입구에 나타나 놀란 눈으로 바라본다. 아무도 그녀를 알아채지 못한다.*)

조 (*허세를 부리며*): 그러면 우린 폭동을 일으켜 배를 직접 고향으로 끌고 가겠어요. 그렇지 않나, 친구들? (*그가 다른 친구들을 보려고 그의 머리를 돌릴 때 키니의 주먹이 그의 옆 턱을 향해 불쑥 날아간다. 조는 쿵하고 쓰러져 그곳에 누워있다. 키니부인은 비명을 지르며 손으로 얼굴을 가린다. 선원들이 그들의 단검을 빼들어 달려들려고 하지만 키니와 항해사의 권총을 직면하게 되자 멈춘다.*)

KEENEY. (*his eyes and voice snapping*) Hold still! (*The men stand huddled together in a sullen silence, KEENEY's voice is full of mockery*) You've found out it ain't safe to mutiny on this ship, ain't you[1]? And now git for'ard where ye belong[2], and— (*He gives JOE's body a contemptuous kick*) Drag him with you. And remember the first man of ye I see shirkin' I'll shoot dead as sure as there's a sea under us, and you can tell the rest the same. Git for'ard now! Quick! (*The men leave in cowed silence, carrying JOE with them, KEENEY turns to the MATE with a short laugh and puts his revolver back in his pocket*) Best get up on deck, Mr. Slocum, and see to it they don't try none of their skulkin' tricks. We'll have to keep an eye peeled from now on. I know 'em.

MATE. Yes, sir. (*He goes out, right, KEENEY hears his wife's hysterical weeping and turns around in surprise—then walks slowly to her side.*)

KEENEY. (*putting an arm around her shoulder—with gruff tenderness*) There, there, Annie. Don't be afeard. It's all past and gone.

MRS. KEENEY. (*shrinking away from*[3] *him*) Oh, I can't bear it! I can't bear it any longer!

KEENEY. (*gently*) Can't bear what, Annie?

---

1) it ain't safe to mutiny on this ship, ain't you: it isn't safe to mutiny on this ship, aren't you

2) And now git for'ard where ye belong: And now get forward where you belong

3) *shrink away from*: …을 피하다, 꺼리다, 겁내다

키니 (*쏘아붙이는 눈과 목소리로*): 움직이지 마! (*선원들은 찌무룩한 침묵 속에 옹송그리며 모여 서있다. 키니의 목소리는 조롱으로 가득 차 있다.*) 이 배에서 폭동을 일으키면 무사하지 않다는 걸 알았지, 그렇지? 자 너희들 자리로 돌아가. 그리고—(*조의 몸을 멸시하듯이 발로 차며*) 이놈을 끌고 가. 게으름을 피우는 첫 번째 놈을 발견하면, 이 밑에 바다가 있는 것처럼, 틀림없이 쏴 죽인다는 걸 명심해. 그리고 다른 놈들한테도 전해. 당장 꺼져! 빨리! (*선원들은 조를 끌고 주눅이 들어 말없이 나간다. 키니는 항해사 쪽으로 돌아서서 짧게 웃고는 그의 주머니에 권총을 집어넣는다.*) 갑판에 올라가 놈들이 몰래 숨어서 어떤 속임수도 꾸미지 못하도록 감시하게, 슬로컴. 이제부터 계속 잘 감시해야겠어. 난 놈들의 술책을 잘 알고 있지.

항해사: 알겠습니다. (*우측으로 나간다. 키니는 그의 부인이 히스테릭하게 우는 소리를 듣고 놀라서 돌아선다—그리고 나서 서서히 그녀 쪽으로 간다.*)

키니 (*한 팔을 그녀의 어깨 둘레에 얹고서—퉁명스런 친절로*): 자, 자, 애니. 걱정하지 마. 다 지난 과거야.

키니 부인 (*그를 피하며*): 아, 참을 수 없어요! 더 이상 참을 수가 없어요!

키니 (*부드럽게*): 무엇을 참을 수 없어, 애니?

MRS. KEENEY. (*hysterically*) All this horrible brutality, and these brutes of men, and this terrible ship, and this prison cell of a room, and the ice all around, and the silence. (*After this outburst she calms down and wipes her eyes with her handkerchief.*)

KEENEY. (*after a pause during which he looks down at her with a puzzled frown*[1)]) Remember, I warn't[2)] hankerin' to have you come on this voyage, Annie.

MRS. KEENEY. I wanted to be with you, David, don't you see? I didn't want to wait back there in the house all alone as I've been doing these last six years since we were married—waiting, and watching, and fearing—with nothing to keep my mind occupied—not able to go back teaching school on account of being Dave Keeney's wife. I used to dream of sailing on the great, wide, glorious ocean. I wanted to be by your side in the danger and vigorous life of it all. I wanted to see you the hero they make you out[3)] to be in Homeport. And instead—(*Her voice grows tremulous*) All I find is ice and cold—and brutality! (*Her voice breaks.*)

KEENEY. I warned you what it'd be, Annie. "Whalin' ain't[4)] no ladies' tea-party," I says[5)] to you, and "you better stay to home where you've got all your woman's comforts." (*Shaking his head*) But you was so set on[6)] it.

---

1) *with a puzzled frown*: 당황해서 눈살을 찌푸리고
2) warn't: wasn't
3) makeout: ~을 알아보다 [알아듣다]
4) ain't: isn't
5) says: said
6) be set on: ~을 몹시 원하다 [기어코 하려고 하다] But you was so set on it.: But you were so set on it.

키니 부인 (*히스테릭하게*): 이 지긋지긋한 잔인성, 이 짐승 같은 선원들, 이 무서운 배, 이 감옥 같은 방, 온통 둘러싼 얼음, 그리고 정적. (*이 폭발이 있은 후 그녀는 진정이 되어 손수건으로 눈을 닦는다.*)

키니 (*잠시 후—그동안 당황해서 눈살을 찌푸리고 그녀를 내려다본다.*): 기억하라고, 내가 이번 항해에 당신을 데려오기를 갈망한 것은 아니었잖아, 애니.

키니 부인: 같이 있고 싶었어요, 데이빗, 모르겠어요? 우리가 결혼 후 최근 지난 6년 동안 그랬던 것처럼 집에 틀어박혀 외톨이가 되어 기다리고 싶지 않았어요—기다리고, 살펴보고, 두려워하고—마음을 집중시킬 수 있는 건 아무것도 없이—데이빗 키니의 아내라는 이유 때문에 학교로 돌아가서 가르칠 수도 없고. 난 크고 넓고 찬란한 바다를 항해하는 꿈을 꾸곤 했어요. 그 모든 위험하고 활기찬 생활 속에서도 당신 곁에 있고 싶었어요. 사람들이 홈포트(母港)의 영웅으로 알아보는 당신을 보고 싶었어요. 그런데 대신—(*그녀의 목소리가 떨리기 시작한다.*) 내가 발견한 것은 온통 얼음과 추위—그리고 잔인성뿐이에요. (*그녀는 말을 잇지 못한다.*)

키니: 내가 어떨 것이라는 걸 당신에게 경고했었잖아, 애니. "고래잡이란 부인들의 다과회가 아니다," 그리고 "당신은 여자의 모든 위안이 있는 집에 있는 편이 좋다"라고 말이야. 그렇지만 당신이 몹시 그걸 원했지.

MRS. KEENEY. (*wearily*) Oh, I know it isn't your fault, David. You see, I didn't believe you. I guess I was dreaming about the old Vikings in the story-books and I thought you were one of them.

KEENEY. (*protestingly*) I done my best[1] to make it as cozy and comfortable as could be. (*MRS. KEENEY looks around her in wild scorn*) I even sent to the city for that organ for ye, thinkin' it might be soothin' to ye to be playin' it times when they was calms and things was dull-like[2].

MRS. KEENEY. (*wearily*) Yes, you were very kind, David. I know that. (*She goes to left and lifts the curtains from the porthole and looks out—then suddenly bursts forth*[3]) I won't stand it—I can't stand it—pent up by these walls like a prisoner. (*She runs over to him and throws her arms around him, weeping. He puts his arm protectingly over her shoulders*) Take me away from[4] here, David! If I don't get away from here, out of this terrible ship, I'll go mad! Take me home, David! I can't think any more. I feel as if the cold and the silence were crushing down on my brain. I'm afraid. Take me home!

KEENEY. (*holds her at arm's length*[5] *and looks at her anxiously*) Best go to bed, Annie. You ain't[6] yourself. You got fever. Your eyes look so strange-like. I ain't never seen[7] you look this way before.

---

1) I done my best: I have done my best
2) when they was calms and things was dull-like: when there were calms and things were dull-like
3) *burst forth*: 갑자기 …하기 시작하다 [in, into]
4) takeaway from: ~로부터 벗어나다
5) *hold (keep)at arm's length*: …을 멀리하다, 쌀쌀하게 대하다
6) ain't: aren't
7) I ain't never seen: I have never seen

키니 부인 (*맥없이*): 오, 그게 당신의 잘못이 아니라는 건 알고 있어요, 데이빗. 알다시피, 난 당신의 말을 믿을 수가 없었어요. 얘기책에 나오는 옛 바이킹족을 꿈꾸고 있었고 당신도 그런 사람 중 하나일 거라고 생각했어요.

키니 (*항의하듯이*): 내가 할 수 있는 한 아늑하고 편안하게 하기 위해 최선을 다했어. (*키니 부인은 격렬한 경멸로 주위를 살펴본다.*) 당신을 위해 오르간을 사주려고 심지어 도시로 사람을 보내기도 했어. 조용하고 지루할 때 치면 그것이 당신을 달래 줄 거라고 생각해서 말이야.

키니 부인 (*맥없이*): 알아요. 참 친절했어요, 데이빗. 그건 알아요. (*그녀는 왼쪽으로 가서 현창(舷窓)의 커튼을 올린 후 밖을 본다—이어 갑자기 소리를 지르기 시작한다*) 참지 못할 거예요—참을 수가 없어요—마치 죄수처럼 이 벽들에 둘러싸인 울적한 마음을. (*그녀는 그에게 달려가 울면서 두 팔로 그를 껴안는다. 그는 보호하듯 그의 팔을 그녀의 어깨에 놓는다.*) 날 여기서 벗어나게 해 줘요, 데이빗! 여기서 나가지 못하면, 이 지긋지긋한 배에서 나가지 못하면 미칠 거예요! 날 집으로 데려다 줘요, 데이빗! 더 이상 생각할 수 없어요. 추위와 침묵이 내 머리를 짓누르는 것 같아요. 두려워요. 집에 데려다 줘요!

키니 (*그녀를 멀리하며 걱정스럽게 바라본다*): 자는 게 좋겠어, 애니. 지금 제정신이 아냐. 열이 있어. 눈이 매우 이상한데. 전에 당신이 이런 식으로 보이는 걸 결코 본적이 없어.

MRS. KEENEY. (*laughing hysterically*) It's the ice and the cold and the silence—they'd make anyone look strange.

KEENEY. (*soothingly*) In a month or two, with good luck, three at the most, I'll have her filled with ile and then we'll give her everything she'll stand and pint for home.

MRS. KEENEY. But we can't wait for that—I can't wait. I want to get home. And the men won't wait. They want to get home. It's cruel, it's brutal for you to keep them. You must sail back. You've got no excuse. There's clear water to the south now. If you've a heart[1] at all you've got to turn back.

KEENEY. (*harshly*) I can't, Annie.

MRS. KEENEY. Why can't you?

KEENEY. A woman couldn't rightly understand my reason.

MRS. KEENEY. (*wildly*) Because it's a stupid, stubborn reason. Oh, I heard you talking with the second mate. You're afraid the other captains will sneer at you because you didn't come back with a full ship. You want to live up to[2] your silly reputation even if you do have to beat and starve men and drive me mad to do it.

---

1) have a heart: 인정이 있다
2) live up to: …에 부끄럽지 않게 [어울리게] 살다; (기대 등)에 부응하다; (주의, 신념 등)에 따라 행동하다; (이상 등)을 실행하다.

키니 부인 (*히스테릭하게 웃으며*): 얼음과 추위와 침묵 때문이죠—그것들은 누구나 이상하게 보이게 만들어요.

키니 (*달래듯이*): 운이 좋으면 한 두 달, 많아도 석 달 안에, 난 이 배를 고래 기름으로 가득 채우고 그리고 나서 있는 힘을 다해 귀로(歸路)에 오를 거야.

키니 부인: 하지만 우린 그걸 기다릴 수가 없어요—난 못 기다려요. 집에 가고 싶어요. 그리고 선원들도 안 기다릴 걸요. 다 집에 가고 싶어해요. 사람들을 잡아두다니 잔인하고 악랄해요. 귀항(歸港)해야만 해요. 명분이 없잖아요. 이젠 남쪽으로 맑은 물이 보이잖아요. 인정이 있다면 돌아가야만 해요.

키니 (*거칠게*): 난 할 수 없어, 애니.

키니 부인: 왜 할 수 없다는 거예요?

키니: 여자는 내 이유를 올바로 이해할 수 없어.

키니 부인 (*거칠게*): 이유가 어리석고 완고하기 때문이죠. 그래요, 난 당신이 이등항해사와 얘기하는 걸 들었어요. 만선으로 돌아가지 않으면 다른 선장들이 당신을 비웃을까봐 두려워하는 거죠. 당신은 선원들을 때리고 굶겨서 결과적으로 나를 미치게 하는 한이 있을지라도 그 어리석은 명성에 부응하고 싶어 하죠.

KEENEY. (*his jaw set stubbornly*) It ain't[1] that, Annie. Them skippers[2] would never dare sneer to my face. It ain't so much what anyone'd say[3]—but—(*He hesitates, struggling to express his meaning*) You see—I've always done it—since my first voyage as skipper. I always come back—with a full ship—and—it don't[4] seem right not to—somehow. I been always first whalin' skipper out o' Homeport, and—Don' t you see my meanin', Annie? (He glances at her. She is not looking at him but staring dully in front of her, not hearing a word he is saying) Annie! (*She comes to herself*[5] *with a start*[6]) Best turn in[7], Annie, there's a good woman. You ain't[8] well.

MRS. KEENEY. (*resisting his attempts to guide her to the door in rear*) David! Won't you please turn back?

KEENEY. (*gently*) I can't, Annie—not yet awhile. You don't see my meanin'. I got to git the ile.

MRS. KEENEY. It'd be different if you needed the money, but you don't. You've got more than plenty.

---

1) ain't: isn't
2) Them skippers: The skippers
3) It ain't so much what anyone'd say: It isn't so much what anyone would say
4) don't: doesn't
5) *come to oneself*: 의식을 되찾다, 정신을 차리다; 본심으로 돌아가다, 진지하게 행동하다; 제 정신이 돌아오다
6) *with a start*: 깜짝 놀라서
7) turn in: 안쪽으로 향하다[휘다]
8) ain't: aren't

키니 (*완고한 턱의 모습을 하고*): 그렇지 않아, 애니. 다른 선장들이 감히 내 얼굴에 대고 조롱하지는 못할 거야. 누가 뭐라고 하건 그리 대단하지 않아—그렇지만—(*그는 그의 의도를 전달하기 위해 발버둥을 치며, 주저한다.*) 알다시피—난 항상 그래 왔거든—선장이 돼서 최초의 항해 이래로 말이야. 늘 돌아왔어—만선으로—그리고—그렇게 하지 않는 것은 옳다고 보지 않아—왠지. 난 늘 홈포트(母港)에서 제일가는 포경선 선장이었지, 그리고—내 뜻을 모르겠어, 애니? (*그녀를 힐끗 본다. 그녀는 그를 보고 있는 것이 아니라 멍하니 그녀 앞을 응시하고 있으며, 그의 말은 한 마디도 듣고 있지 않다.*) 애니! (*그녀는 깜짝 놀라서 제정신으로 돌아온다.*) 안으로 들어가는 게 좋겠어, 애니, 착하지. 몸이 좋지 않아.

키니 부인 (*그녀를 뒷문 쪽으로 인도하려는 그의 시도에 저항하며*): 데이빗! 배를 돌릴 수 없겠어요?

키니 (*점잖게*): 그럴 수 없어, 애니—아직 당분간은 말이야. 내 뜻을 이해 못하는군. 고래를 잡아야 해.

키니 부인: 돈이 필요해서 그렇다면 몰라도 당신은 그것이 아니죠. 돈은 남을 정도로 있어요.

KEENEY. (*impatiently*) It ain't[1] the money I'm thinkin' of. D'you think I'm as mean as that?

MRS. KEENEY. (*dully*) No—I don't know—I can't understand—(*Intensely*) Oh, I want to be home in the old house once more and see my own kitchen again, and hear a woman's voice talking to me and be able to talk to her. Two years! It seems so long ago—as if I'd been dead and could never go back.

KEENEY. (*worried by her strange tone and the far-away look in her eyes*) Best go to bed, Annie. You ain't[2] well.

MRS. KEENEY. (*not appearing to hear him*) I used to be lonely when you were away. I used to think Homeport was a stupid, monotonous place. Then I used to go down on the beach, especially when it was windy and the breakers were rolling in, and I'd dream of the fine free life you must be leading. (*She gives a laugh which is half a sob*) I used to love the sea then. (*She pauses; then continues with slow intensity*) But now—I don't ever want to see the sea again.

KEENEY. (*thinking to humor her*) 'Tis no fit place for a woman, that's sure. I was a fool to bring ye.

MRS. KEENEY. (*after a pause—passing her hand over her eyes with a gesture of pathetic weariness*) How long would it take us to reach home—if we started now?

---

1) ain't: isn't
2) ain't: aren't

키니 (*속이 타서*): 내가 생각하는 건 돈이 아냐. 내가 그렇게 천박하다고 생각하나?

키니 부인 (*따분하게*): 아뇨—모르겠어요—이해할 수 없어요—(*강하게*) 아, 한 번 더 정든 집으로 가서 내 부엌을 다시 보고, 그리고 나한테 말을 거는 아낙의 목소리를 듣고 나도 얘기를 하고 싶어요. 2년이 흘렀어요! 아주 옛날 일로 여겨져요—마치 내가 죽어서 결코 돌아갈 수 없을 것 같아요.

키니 (*그녀의 이상한 어조와 먼 곳을 바라보는 눈이 걱정이 되어서*): 침실로 가지, 애니. 몸이 좋지 않아.

키니 부인 (*그의 말을 못들은 것처럼*): 당신이 떠나면 외롭곤 했어요. 홈포트는 어색하고 단조로운 곳이라고 생각하곤 했어요. 그래서 난 해안가에, 특히 바람이 불고 큰 파도가 밀려들어 올 때, 내려가곤 했고, 그리고 당신이 이끄는 멋지고 자유로운 삶을 꿈꾸었어요. (*그녀는 반은 울음이 섞인 웃음을 보인다.*) 그 땐 바다를 좋아하곤 했죠. (*그녀는 멈춘다. 이어 점점 긴장해서 계속한다.*) 그런데 지금은—바다를 다시는 보고 싶지 않아요.

키니 (*부인을 위안할 생각으로*): 여자에겐 어울리지 않는 곳이지, 확실히. 당신을 데리고 온 내가 바보였어.

키니 부인 (*잠시 후—애처로운 피로의 몸짓으로 손을 두 눈에 갖다 대며*): 고향에 가는데 얼마나 걸릴까요—지금 떠나면요?

KEENEY. (*frowning*) 'Bout two months, I reckon, Annie, with fair luck.

MRS. KEENEY. (*counts on her fingers—then murmurs with a rapt smile*) That would be August, the latter part of August, wouldn't it? It was on the twenty-fifth of August we were married, David, wasn't it?

KEENEY. (*trying to conceal the fact that her memories have moved him—gruffly*) Don't you remember?

MRS. KEENEY. (*vaguely—again passes her hand over her eyes*) My memory is leaving me—up here in the ice. It was so long ago. (*A pause—then she smiles dreamily*) It's June now. The lilacs will be all in bloom in the front yard—and the climbing roses on the trellis to the side of the house—they're budding. (*She suddenly covers her face with her hands and commences to sob.*)

KEENEY. (*disturbed*) Go in and rest, Annie. You're all wore out[1)] cryin' over what can't be helped.

MRS. KEENEY. (*suddenly throwing her arms around his neck and clinging to him*) You love me, don't you, David?

KEENEY. (*in amazed embarrassment at this outburst*) Love you? Why d'you ask me such a question, Annie?

MRS. KEENEY. (*shaking him—fiercely*) But you do, don't you, David? Tell me!

---

1) wear out: 지치다, 닳물나다

키니 (*얼굴을 찌푸리며*): 두 달쯤 걸릴 걸로 생각해, 애니, 운이 좋으면 말이야.

키니 부인 (*손가락으로 계산한다—이어 황홀한 미소를 지으며 중얼거린다.*): 그럼 8월이겠군, 8월 하순요, 그렇죠? 우리가 결혼한 날이 8월 25일이었죠, 데이빗, 그렇죠?

키니 (*부인의 기억이 그에게 감동을 주었다는 사실을 감추고자 애쓰며—무뚝뚝하게*): 그걸 잊었어?

키니 부인 (*막연히—다시 손을 두 눈 위에 올리며*): 기억이 내게서 떠나가요—얼음에 싸인 이곳에서는. 아주 오래 전이었죠. (*잠시 후—이어 꿈꾸듯 미소를 짓는다.*) 지금이 6월이군요. 앞뜰엔 라일락꽃이 만발하겠죠—그리고 집 옆 시렁 위의 덩굴장미—싹트기 시작할 거예요. (*갑자기 두 손으로 얼굴을 가리고 흐느껴 울기 시작한다.*)

키니 (*불안해하며*): 들어가서 쉬어, 애니. 당신은 어떻게도 할 수 없는 것을 붙들고 울면서 온통 지쳐있는 거야.

키니 부인 (*갑자기 그녀의 두 팔을 뻗어 그의 목을 안고 그에게 매달리면서*): 나를 사랑하죠, 그렇죠, 데이빗?

키니 (*이 감정의 폭발에 놀라 당황해하며*): 당신을 사랑하느냐고? 왜 그런 걸 물어, 애니?

키니 부인 (*그를 흔들며—맹렬하게*): 하지만 사랑하는 거죠, 그렇죠, 데이빗? 말을 해줘요!

KEENEY. I'm your husband, Annie, and you're my wife. Could there be aught but love[1] between us after all these years[2] ?

MRS. KEENEY. (*shaking him again—still more fiercely*) Then you do love me. Say it!

KEENEY. (*simply*) I do, Annie!

MRS. KEENEY. (*gives a sigh of relief—her hands drop to her sides. KEENEY regards her anxiously. She passes her hand across her eyes and murmurs half to herself*) I sometimes think if we could only have had a child. (*KEENEY turns away from*[3] *her, deeply moved. She grabs his arm and turns him around to face her—intensely*) And I've always been a good wife to you, haven't I, David?

KEENEY. (*his voice betraying his emotion*[4]) No man has ever had a better, Annie.

MRS. KEENEY. And I've never asked for much from you, have I, David? Have I?

KEENEY. You know you could have all I got the power to give ye, Annie.

---

1) aught but love: anything except love 사랑 외의 어떤 것
2) after all these years: 아직도
3) *turn away from*: 외면하다
4) *betray one's emotion*: 무의식중에 감정을 나타내다

키니: 난 당신의 남편이야, 애니, 그리고 당신은 내 아내고. 아직도 우리 사이엔 사랑만 있지 않아?

키니 부인 (*다시 그를 흔들며—계속 더 맹렬하게*): 그럼 당신은 날 정말 사랑하죠! 말해줘요!

키니 (*간단하게*): 사랑해, 애니!

키니 부인 (*안도의 한숨을 쉰다—그녀의 두 손을 그녀의 옆구리로 떨어뜨린다. 키니는 그녀를 걱정스럽게 바라본다. 그녀는 손을 두 눈 위에 대고 반은 혼잣말로 중얼댄다.*): 가끔 아이를 하나 가질 수 있다면 하고 생각해요. (*키니는 깊이 감동이 되어 그녀를 외면한다. 그녀는 그의 팔을 붙잡고 그녀와 마주보도록 그를 돌린다.—강렬하게*) 그리고 난 늘 당신에게 좋은 아내였지요, 그렇죠, 데이빗?

키니 (*무의식 중에 감정을 나타내는 목소리로*): 당신보다 더 좋은 아내가 어딨겠어, 애니.

키니 부인: 그리고 난 당신한테 지나친 요구를 해본 적이 없어요, 그렇죠, 데이빗, 그렇죠?

키니: 당신은 내가 줄 수 있는 건 다 당신한테 준다는 걸 알고 있지, 애니.

MRS. KEENEY. (*wildly*) Then do this this once for my sake, for God's sake—take me home! It's killing me, this life—the brutality and cold and horror of it. I'm going mad. I can feel the threat in the air. I can hear the silence threatening me—day after gray day and every day the same. I can't bear it. (Sobbing) I'll go mad, I know I will. Take me home, David, if you love me as you say. I'm afraid. For the love of God, take me home! (*She throws her arms around him*[1]*, weeping against his shoulder. His face betrays the tremendous struggle going on within him. He holds her out at arm's length*[2]*, his expression softening. For a moment his shoulders sag, he becomes old, his iron spirit weakens as he looks at her tear-stained face.*)

KEENEY. (*dragging out the words with an effort*) I'll do it, Annie —for your sake—if you say it's needful for ye.

MRS. KEENEY. (*with wild joy—kissing him*) God bless you for that, David! (*He turns away from her silently and walks toward the companionway. Just at that moment there is a clatter of footsteps on the stairs and the SECOND MATE enters the cabin.*)

MATE. (*excitedly*) The ice is breakin' up to no'the'ard[3], sir. There's a clear passage through the floe, and clear water beyond, the lookout says. (*KEENEY straightens himself like a man coming out of a trance*[4]*. MRS. KEENEY looks at the MATE with terrified eyes.*)

---

1) *throw one's arms around*: 두 팔로 의 목을 껴안다, 에게 달라붙다
2) *holdout at arm's length*: 팔을 쭉 뻗은 채 을 붙들고 (붙잡고) 있다
3) no'the'ard: northward
4) *come out of a trance*: 가수면 (최면) 상태에서 깨어나다

키니 부인 (*맹렬히*): 그럼, 제발 이번만 저를 위해 한 번 해주세요—고향으로 데려다 줘요! 날 죽이고 있어요, 이 생활이 말예요—이 잔인하고 춥고 두려운 생활. 난 미쳐가고 있어요. 공기 속에도 협박하는 무언가가 있어요—날 위협하는 침묵의 소리를 들을 수 있어요—매일같이 흐린 날 그리고 날마다 흐린 날이예요. 참을 수 없어요. (*흐느끼면서*) 미칠 것 같고, 난 그걸 알아요. 집으로 데려다 줘요, 데이빗, 당신 말대로 날 사랑한다면요. 두려워요. 제발, 고향으로 데려다 줘요! (*그녀는 그녀의 두 팔로 그의 목을 껴안고 어깨에 얼굴을 대고 운다. 그의 얼굴에는 그의 내부에서 계속되는 엄청난 갈등이 무의식 중에 나타난다. 그는 팔을 쭉 뻗은 채 그녀를 붙잡고 표정이 부드러워진다. 잠시 그의 양 어깨가 축 늘어지고 늙어 보이며, 그가 눈물에 젖은 그녀의 얼굴을 보면서 그의 쇠붙이 같은 마음도 약해진다.*)

키니 (*애써 말을 끄집어내며*): 그렇게 하지, 애니—당신을 위해서—당신을 위해 그게 필요하다고 말한다면.

키니 부인 (*몹시 기뻐—그에게 키스하며*): 아이 고마워요, 데이빗! (*그는 말없이 그녀로부터 몸을 돌려 승강구 쪽으로 걸어간다. 바로 그때 계단 위에서 발걸음 소리가 나더니 2등 항해사가 선실로 들어온다.*)

항해사 (*흥분해서*): 북쪽으로 얼음이 갈라지고 있습니다, 선장님. 감시원의 보고에 의하면 부빙(浮氷) 사이로 뚜렷한 길이 생겼고, 저편엔 깨끗한 물이 보인답니다. (*키니는 최면상태에서 깨어난 사람처럼 자세를 바르게 한다. 키니 부인은 공포에 찬 눈으로 항해사를 본다.*)

KEENEY. (*dazedly—trying to collect his thoughts*[1]) A clear passage? To no'the'ard?

MATE. Yes, sir.

KEENEY. (*his voice suddenly grim with determination*) Then get her ready and we'll drive her through.

MATE. Aye, aye, sir.

MRS. KEENEY. (*appealingly*) David!

KEENEY. (*not heeding her*) Will the men turn to willin' or must we drag 'em out?

MATE. They'll turn to willin' enough. You put the fear o' God into 'em, sir. They're meek as lambs[2].

KEENEY. Then drive 'em—both watches. (*With grim determination*) They's whale t'other side o' this floe[3] and we're going to git 'em.

MATE. Aye, aye, sir. (*He goes out hurriedly. A moment later there is the sound of scuffling feet from the deck outside and the MATE's voice shouting orders.*)

---

1) collect one's thoughts: 생각을 (한 데 모아) 정리하다, 지혜를 모으다
2) meek as lambs: 지극히 온순한, 매우 얌전한
3) They's whale t'other side o' this floe: There's whale the other side of this floe

키니 (*멍하니—그의 생각을 정리하고자 애쓰며*): 뚜렷한 길이 생겼다고? 북쪽으로?

항해사: 예, 선장님.

키니 (*결의에 차서 갑자기 말투가 냉혹해지며*): 그럼 준비해, 그 길을 뚫고 배를 몰아야겠어.

항해사: 예, 예, 선장님.

키니 부인 (*애원하듯이*): 데이빗!

키니 (*그녀에게 무관심하게*): 놈들이 자진해서 일을 할까 아니면 우리가 끌어내야만 할까?

항해사: 자진해서 할 겁니다. 선장님을 하느님처럼 무서워합니다. 지극히 온순하죠.

키니: 그럼 끌고 가자고—양쪽에 감시를 배치하고 (*단호한 결심으로*) 부빙(浮氷) 저쪽에는 고래가 있어. 그걸 잡아야지.

항해사: 예, 예, 선장님. (*황급히 밖으로 나간다. 잠시 후 바깥 갑판에서 움직이는 발소리와 항해사가 명령을 내리는 고함소리가 들린다.*)

KEENEY. (*speaking aloud to himself—derisively*) And I was agoin' home like a yaller dog[1)]!

MRS. KEENEY. (*imploringly*) David!

KEENEY. (*sternly*) Woman, you ain't[2)] adoin' right when you meddle in[3)] men's business and weaken 'em. You can't know my feelin's[4)]. I got to prove a man to be a good husband for ye to take pride in. I got to git the ile, I tell ye[5)].

MRS. KEENEY. (*supplicatingly*) David! Aren't you going home?

KEENEY. (*ignoring this question—commandingly*) You ain't[6)] well. Go and lay down a mite. (*He starts for[7)] the door*) I got to git on deck. (*He goes out. She cries after[8)] him in anguish[9)]*) David! (*A pause. She passes her hand across her eyes—then commences to laugh hysterically and goes to the organ. She sits down and starts to play wildly an old hymn, KEENEY re-enters from the doorway to the deck and stands looking at her angrily. He comes over and grabs her roughly by the shoulder.*)

---

1) yaller dog(= yellow dog): 1. 인간말짜, 망나니, 쓰레기, 겁쟁이2. 똥개, 잡종개3. 노동조합 비가입 노동자
2) ain't: aren't
3) meddle in: …에 간섭하다, 참견하다
4) my feelin's: my feeling is
5) I tell ye (I tell you): 정말이다 (놀라움 믿기 어려움을 강조하는 말)
6) ain't: aren't
7) *start for*: …을 향해 출발하다; …의 후보로 나서다
8) *cry after*: 불러세우다
9) *in anguish*: 괴로운 나머지, 괴로워 [over]

키니 (*자신에게 큰 소리로—조롱하듯이*): 하마터면 인간말짜 모양으로 고향에 돌아갈 뻔했어!

키니 부인 (*애원하듯*): 데이빗!

키니 (*엄하게*): 이봐, 여자가 남자의 일에 참견해서 약하게 하는 짓은 옳은 게 아냐. 당신은 내 기분을 알 수 없어. 난 당신이 자랑할 수 있는 훌륭한 남편이 되기 위해서 남자라는 걸 증명해야 해. 난 무슨 일이 있어도 고래를 잡아야 해, 정말이야.

키니 부인 (*간청하며*): 데이빗! 고향으로 안 돌아가요?

키니 (*이 질문을 묵살하고—명령이나 하듯*): 몸이 안 좋아. 들어가 좀 누워 있어. (*문을 향해 출발한다.*) 갑판에 나가야겠어. (*그는 밖으로 나간다. 그녀는 괴로운 나머지 그를 불러 세운다.*) 데이빗! (*잠시 후. 그녀는 손을 두 눈 위에 갖다 댄다—이어 히스테릭하게 웃기 시작하더니 오르간 쪽으로 간다. 앉아서 광적으로 오래 된 찬송가를 치기 시작한다. 키니가 갑판으로 가는 출입구에 다시 나타나 화가 나서 그녀를 보며 선다. 그녀에게 다가가 거칠게 그녀의 어깨를 움켜쥔다.*)

KEENEY. Woman, what foolish mockin' is this? (*She laughs wildly and he starts back from her in alarm*) Annie! What is it? (*She doesn't answer him. KEENEY's voice trembles*) Don't you know me, Annie? (*He puts both hands on her shoulders and turns her around so that he can look into her eyes. She stares up at him with a stupid expression, a vague smile on her lips. He stumbles away from her, and she commences softly to play the organ again.*)

KEENEY. (*swallowing hard*[1)]—*in a hoarse whisper*[2)], *as if he had difficulty in speaking*) You said—you was agoin' mad—God! (*A long wail is heard from the deck above*) Ah bl-o-o-o-ow! (*A moment later the MATE's face appears through the skylight. He cannot see MRS. KEENEY.*)

MATE. (*in great excitement*) Whales, sir—a whole school of 'em—off the star'b'd[3)] quarter 'bout five miles away—big ones!

KEENEY. (*galvanized into action*[4)]) Are you lowerin' the boats?

MATE. Yes, sir.

KEENEY. (*with grim decision*) I'm acomin' with ye.

MATE. Aye, aye, sir. (*Jubilantly*) You'll git the ile now right enough, sir. (*His head is withdrawn and he can be heard shouting orders.*)

---

1) *swallow hard*: 침을 삼키다
2) *in a hoarse whisper*: 갈라진 목소리로
3) star'b'd (= starboard): (배의) 우현 (右舷); (항공기의) 우측
4) *galvanize into action*: 갑자기 활발하게 움직이기 시작하다(소생하다)

키니: 이봐, 이게 무슨 어리석은 짓이야! (*그녀는 크게 웃고 그는 놀라서 물러난다.*) 애니! 어찌된 일이야? (*그녀는 대꾸하지 않는다. 키니의 목소리가 떨린다.*) 날 모르겠어, 애니? (*그는 두 손을 그녀의 어깨에 위에 놓고 그녀의 두 눈을 들여다보기 위해 그녀의 몸을 돌린다. 그녀는 얼빠진 것 같은 미소를 입가에 지으며 바보 같은 표정으로 그를 빤히 쳐다본다. 그는 비틀거리며 그녀로부터 멀어지고, 그녀는 다시 조용히 오르간을 치기 시작한다.*)

키니 (*침을 삼키며—마치 말하기 힘든 양, 갈라진 목소리로*): 당신이 말했지—미칠 것 같다고—맙소사! (*위 갑판에서 긴 소리가 들린다. "고래가 물을 뿜는다!" 잠시 후 2등 항해사의 얼굴이 천창(天窓)을 통해 나타난다. 항해사는 그녀를 보지 못한다.*)

항해사 (*매우 흥분해서*): 고랩니다, 선장님—큰 무리죠—우측 선미(船尾)에서 약 5마일 떨어져 있습니다—큰 놈들입니다!

키니 (*갑자기 활발하게 움직이기 시작하면서*): 보트를 내렸나?

항해사: 예, 선장님.

키니 (*단호한 결심으로*): 나도 같이 가겠네.

항해사: 예, 예, 선장님. (*환성을 지르며*) 이번엔 분명 고래를 잡을 겁니다, 선장님. (*그의 머리가 사라지고 그가 명령을 내리는 소리가 들린다.*)

KEENEY. (*turning to his wife*) Annie! Did you hear him? I'll git the ile. (*She doesn't answer or seem to know he is there. He gives a hard laugh*[1]*, which is almost a groan*) I know you're foolin' me, Annie. You ain't[2] out of your mind— (*anxiously*) be you[3]? I'll git the ile now right enough—jest[4] a little while longer, Annie—then we'll turn hom'ard[5]. I can't turn back now, you see that, don't ye? I've got to git the ile. (*In sudden terror*) Answer me! You ain't mad, be you?[6] (*She keeps on playing the organ, but makes no reply. The MATE's face appears again through the skylight.*)

MATE. All ready, sir. (*KEENEY turns his back on his wife and strides to the doorway, where he stands for a moment and looks back at her in anguish, fighting to control his feelings.*)

MATE. Comin', sir?

KEENEY. (*his face suddenly grown hard with determination*) Aye. (*He turns abruptly and goes out. MRS. KEENEY does not appear to notice his departure. Her whole attention seems centered in the organ. She sits with half-closed eyes, her body swaying a little from side to side*[7] *to the rhythm of the hymn. Her fingers move faster and faster and she is playing wildly and discordantly as the curtain falls.*)

---

1) *give a hard laugh*: 지나치게 [심하게] 웃다
2) ain't: aren't
3) be you: are you
4) jest: just
5) hom'ard: homeward
6) You ain't mad, be you?: You aren't mad, are you?
7) *from side to side*: 좌우로

키니 (*그의 아내에게 몸을 돌리며*): 애니, 말하는 것 들었지? 난 고래를 잡을 거야. (*그녀는 대꾸도 안하거나 또는 그가 거기에 있다는 사실도 모르는 것 같다. 그가 심하게 웃는데, 그것은 거의 신음소리에 가깝다.*) 날 바보 취급한다는 걸 알아, 애니. 정신이 나갔을 리가 없어—(*근심스럽게*) 그렇지? 당장 고래를 잡는 거야—조금만 있으면 돼, 애니—그리고 우린 집으로 돌아가는 거야. 지금은 돌아갈 수 없어, 알지, 그렇지? 난 고래를 잡아야 해. (*갑작스러운 두려움으로*) 대답을 좀 해! 미친 게 아니지, 그렇지? (*그녀는 계속 오르간을 칠 뿐 대꾸하지 않는다. 항해사의 얼굴이 다시 천창을 통해 나타난다.*)

항해사: 다 준비 됐습니다, 선장님. (*키니는 그녀에게 등을 돌리고 출입구로 성큼성큼 걸어간다. 그는 거기서 잠깐 서서 그의 감정을 억제하려고 애쓰면서 화가 나서 그녀를 돌아본다.*)

항해사: 가시는 거죠, 선장님?

키니 (*갑자기 결심으로 굳어진 얼굴을 하고*): 그래. (*그는 불쑥 돌아서 나가버린다. 키니 부인은 그의 출발을 알아차린 것 같지 않다. 그녀의 모든 관심은 오르간에 집중이 된 듯하다. 그녀는 눈을 반쯤 감고 앉아 찬송가의 곡조에 맞추어 몸을 좌우로 약간씩 흔들고 있다. 그녀의 손가락이 점점 더 빨리 움직이고 그녀가 오르간을 광적으로, 음조가 맞지 않게 치고 있을 무렵 막이 내린다.*)

WHERE THE CROSS IS MADE

『십자가 표시가 있는 곳』

CHARACTERS

CAPTAIN ISAIAH BARTLETT

NAT BARTLETT, HIS SON

SUE BARTLETT, HIS DAUGHTER

DOCTOR HIGGINS

SILAS HORNE, MATE; CATES, BO'SUN; JJIMMY KANAKA, HARPOONER
OF THE SCHOONER MARY ALLEN

등장인물

아이자이아 바틀렛 (선장)

냇 바틀렛 (그의 아들)

수우 바틀렛 (그의 딸)

히긴스 (의사)

싸일라스 호온 (메리 알렌 호(號)의 이등항해사)

케이츠 (메리 알렌 호(號)의 수부장(水夫長))

지미 카나카 (어리 알렌 호(號)의 작살 잡이)

SCENE. CAPTAIN BARTLETT'S "cabin"—a room erected a lookout post at the top of his house situated on a high point of land on the California coast. The inside of the compartment is fitted up[1] *like the captain's cabin of a deep-sea sailing vessel. On the left, forward, a porthole. Farther back, the stairs of the companionway. Still farther, two more portholes. In the rear, left, a marble-topped sideboard with a ship's lantern on it. In the rear, center, a door opening on stairs which lead to the lower house. A cot with blanket is placed against the wall to the right of the door. In the right wall, five portholes. Directly under them, a wooden bench. In front of the bench, a long table with two straight-backed chairs, one in front, the other to the left of it. A cheap, dark-colored rug is on the floor. In the ceiling, midway from front to rear, a skylight extending from opposite the door to above the left edge of the table. In the right extremity of the skylight is placed a floating ship's compass. The light from the binnacle sheds over this from above and seeps down into the room, casting a vague globular shadow of the compass on the floor.*

The time is an early hour of a clear windy night in the fall of the year 1900. Moonlight, winnowed by the wind which moans in the stubborn angles of the old house, creeps wearily in through the portholes and rests like tired dust in circular patches upon the floor and table. An insistent monotone of thundering surf, muffled and far-off, is borne upward from the beach below.

1) be fitted up: ~로 설치되어 있다, ~로 시설이 되어 있다

장면. 바틀렛 선장의 "선실"—그의 집 꼭대기에 감시탑으로 세워진 방으로 캘리포니아 해안의 고지에 있다. 그 방의 내부는 심해(深海) 항해 선박의 선장실과 흡사하다. 전면 좌측에, 현창(舷窓)이 있다. 좀 더 뒤로 승강구 계단이 있다. 더 멀리 현창 두 개가 더 있다. 후방 왼쪽에는 대리석을 붙인 사이드보드(작은 탁자)가 있고 그 위에 선박용 랜턴이 있다. 후면 중앙에 문이 있는데 집의 하부로 통하는 계단 쪽으로 나있다. 담요로 덮은 침대가 오른쪽 문의 벽 쪽으로 있다. 오른쪽 벽에는 다섯 개의 현창이 있다. 바로 그 밑에, 목재 벤치가 있다. 그 벤치 앞에는, 긴 테이블이 있고 두 개의 등받이가 똑바른 의자가 그 앞과 왼쪽에 놓여 있다. 마루에는 값싼 검은 색 양탄자가 있다. 천정에는, 앞과 뒤 가운데에, 들창이 있는데 문 맞은쪽에서 테이블의 왼쪽 끝 위까지 닿아 있다. 들창의 오른 쪽 맨 끝에는 선박용 부유 나침반(浮遊 羅針盤)이 있다. 나침함(羅針函)의 빛은 위에서 나침반을 비추고, 방안으로 스며들어 나침반의 희미한 둥근 그림자를 마루에 드리우고 있다.

때는 1900년 가을, 바람이 부는 맑은 밤, 이른 시각이다. 달빛이, 고가(古家)의 완강한 각(角)의 신음하는 바람에 휘날리어, 현창을 통해 피곤한 듯 스며들어 피곤한 먼지처럼 둥글게 여기저기에서 쉬고 있다. 우레 같은 파도의 계속되는 단조로운 소리가, 약하게 멀리, 아래 해안에서 들려오고 있다.

After the curtain rtses the door in the rear is opened slowly and the head and shoulders of NAT BARTLETT appear over the sill. He casts a quick glance about the room, and seeing no one there, ascends the steps and enters. He makes a sign to someone in the darkness beneath: "All right, Doctor." DOCTOR HIGGINS follows him into the room and, closing the door, stands looking with great curiosity around him. He is a slight, medium-sized professional-looking man of about thirty-five. NAT BARTLETT is very tall, gaunt, and loose-framed. His right arm has been amputated at the shoulder and the sleeve on that side of the heavy mackinaw he wears hangs flabbily or flaps against his body as he moves. He appears much older than his thirty years. His shoulders have a weary stoop as if worn down by the burden of his massive head with its heavy shock of tangled black hair. His face is long, bony, and sallow, with deep-set black eyes, a large aquiline nose, a wide thin-lipped mouth shadowed by .an unkempt bristle of mustache. His voice is low and deep with a penetrating, hollow, metallic quality. In addition to the mackinaw, he wears corduroy trousers stuffed down into high laced boots.

NAT. Can you see, Doctor?

HIGGINS. (*in the too-casual tones which betray an inward uneasiness*) Yes—perfectly—don't trouble. The moonlight is so bright—

NAT. Luckily. (*Walking slowly toward the table*) He doesn't want any light—lately—only the one from the binnacle there.

HIGGINS. He? Ah—you mean your father?

막이 열리자 뒷문이 천천히 열리고 냇 바틀렛의 머리와 어깨가 문틀 위로 나타난다. 그는 방안을 재빨리 살펴보고, 아무도 없는 것을 알자, 나머지 계단을 올라와 들어온다. 밑의 어둠 속에 있는 누군가에게 "좋습니다, 선생님."라고 신호를 한다. 하긴스 의사가 그를 따라 방안으로 들어와서 문을 닫고, 몹시 호기심에 찬 눈으로 두리번거리며 서 있다. 35세쯤 되어 보이는 호리호리한 중키에다 의사처럼 보이는 사람이다. 냇 바틀렛은 키가 몹시 크고 마르고 헐거워진 몸매다. 그의 오른 쪽 팔은 어깨에서부터 절단되어 있고 그가 입고 있는 무겁게 보이는 두꺼운 모직 반코트의 소매는 그가 움직일 때마다 축 늘어지거나 그의 몸에 부딪친다. 그의 나이는 30세이지만 훨씬 더 늙어 보인다. 무거운 볏가리처럼 헝클어진 검은 머리털이 있는 커다란 머리통의 무게에 억눌린 양 그의 양 어깨는 피곤한 듯 구부러져 있다. 푹 들어간 검은 눈, 커다란 매부리 코, 그리고 헝클어지고 억센 콧수염에 의해 넓고 얇은 입술을 가진 얼굴은 길고 뼈가 앙상하며 누르스름하다. 목소리는 날카로우면서도 텅 빈 듯 금속성의 특질로 낮고 깊다. 두꺼운 모직 반코트에, 그는 코르덴바지를 입고 있는데 그것은 편장화 속에 쑤셔 넣어져 있다.

냇: 보입니까, 선생님?

히긴스 (*내적 불안을 드러내듯 아무렇지도 않은 말투로*): 예—더할 나위 없이—염려마세요. 달빛이 아주 밝아서—

냇: 다행입니다. (*천천히 테이블 쪽으로 걸어가면서*) 그분에겐 빛이란 통 소용이 없지요—근래에는—다만 저기 나침함에서 나오는 것만 있으면 되니까요.

히긴스: 그분이라뇨? 아아, 부친 말씀인가요?

NAT. (*impatiently*) Who else?

HIGGINS. (*a bit startled—gazing around him in embarrassment*) I suppose this is all meant to be like a ship's cabin?

NAT. Yes—as I warned you.

HIGGINS. (*in surprise*) Warned me? Why, warned? I think it's very natural—and interesting—this whim of his.

NAT. (*meaningly*) Interesting, it may be.

HIGGINS. And he lives up here, you said—never comes down?

NAT. Never—for the past three years. MY sister bring his food up to him. (*He sits down in the chair to the left of the table*) There's a lantern onthe sideboard there, Doctor. Bring it over and sit down. We'll make a light. I'll ask your pardon for bringing you to this room on the roof—but—no one'll hear us here; and by seeing for yourself the mad way he lives—Understand that I want you to get all the facts—just that, facts!—and for that light is necessary. Without that—they become dreams up here—dreams, Doctor.

HIGGINS. (*with a relieved smile carries over the lantern*) It is a trifle spooky.

냇 (*조급하게*): 다른 누가 있겠어요?

히긴스 (*약간 놀라서—당황하여 두리번거리며*): 여긴 선실처럼 꾸며져 있군요.

냇: 예—내가 경고해드린 것처럼.

히긴스 (*놀라서*): 경고했다고요? 아니, 경고했다니? 내겐 매우 자연스러운 듯이 보이는데—게다가 재미도 있고—부친의 이러한 변덕은 말예요.

냇 (*의미심장하게*): 재미있을지도 모르죠.

히긴스: 그리고 부친께선 여기에 거처하신다고요—결코 밑으로 내려오시진 않고요?

냇: 결코 안 내려오셨죠—지난 3년 동안. 누이가 아버지께 식사를 날라다 줍니다. (*테이블 왼쪽 의자에 앉는다.*) 저기 사이드보드 위에 랜턴이 있어요, 선생님. 저걸 가져와서 앉으시죠. 불을 키게요. 선생님을 지붕 위의 이런 방으로 모시게 되어 참 송구스럽습니다—그렇지만—이곳은 아무도 엿듣지 못할 거예요. 그리고 아버지의 광적인 삶을 선생님께 직접 보여드릴 수 있고요—선생님이 모든 사실을 파악해 주십사 하는 저의 심정을 아시겠죠—단지 그, 사실들 말입니다!—그러려면 불이 필요하거든요. 불이 없이는—사실들이 여기서는 꿈이 되거든요—꿈이 된다니까요, 선생님.

히긴스 (*안도의 미소를 지으며 랜턴을 가져온다.*): 왠지 귀신이 나올 것 같아요.

NAT. (*not seeming to notice this remark*) He won't take any note of this light. His eyes are to busy—out there. (*He flings his left arm in a wide gesture seaward*) And if he does notice—well, let him come down. You're bound to see him sooner or later. (*He scratches a match and lights the lantern.*)

HIGGINS. Where is—he?

NAT. (*pointing upward*) Up on the poop. Sit down, man! He'll not come—yet awhile.

HIGGINS. (*sitting gingerly on the chair in front of table*) Then he has the roof too rigged up like a ship?

NAT. I told you he had. Like a deck, yes. A wheel, compass, binnacle light, the companionway there (*he points*), a bridge to pace up and down on—and keep watch. If the wind wasn't so high you'd hear him now—back and forth—all the live-long night. (*With a sudden harshness*) Didn't I tell you he's mad?

HIGGINS. (*with a professional air*) That was nothing new. I've heard that about him from all sides since I first came to the asylum yonder. You say he only walks at night—up there?

NAT. Only at night, yes. (*Grimly*) The things he wants to see can't be made out in daylight—dreams and such.

HIGGINS. But just what is he trying to see? Does anyone know? Does he tell?

냇 (*이 말을 못들은 듯이*): 아버지는 이 불에 조금도 개의치 않을 겁니다. 아버지 두 눈은 정말 바쁘지요—바깥 저쪽을 보느라고. (*왼팔을 바다 쪽으로 활짝 벌린다.*) 혹시 아버지가 아시게 되면—그래요, 그대로 내려오시도록 하세요, 조만간 아버지를 만나게 될 테니까요. (*성냥을 그어서 랜턴에 불을 켠다.*)

히긴스: 어디에 있죠—부친께선?

냇 (*위쪽을 가리키며*): 저 선미루(船尾樓) 갑판에요. 앉으시죠. 안 오실 겁니다.—아직 잠시 동안은요.

히긴스 (*조심스레 테이블 앞의 의자에 앉으며*): 그럼, 부친께선 지붕도 배처럼 장식을 하셨나요?

냇: 그러셨다고 말씀을 드렸잖아요. 예, 갑판처럼요. 배의 키를 조종하는 손잡이, 나침반, 나침함등(羅針函燈), 저기 승강구가 보이죠. (*그가 가리킨다.*) 왔다 갔다 하는 브리지(船橋)—그리고 감시까지 한답니다—지금 바람이 세지 않으면 아버지의 움직임이 들릴 텐데—왔다 갔다—밤새도록. (*갑자기 거칠게*) 아버지가 미치셨다고 말씀드리지 않았던가요?

히긴스 (*직업적인 태도로*): 새로운 말씀은 아니군요. 내가 처음으로 저기 정신병원을 방문했던 이후로 당신의 부친에 관한 소문을 사방에서 들었습니다. 부친께서 밤에만 걸어다니신다고 하셨죠—저 위를?

냇: 예, 밤에만요. (*단호하게*) 아버지가 보고 싶어 하는 것은 낮엔 안보인답니다—꿈같은 그런 것이지요.

히긴스: 그럼 도대체 무엇을 보려고 하시는지요? 아는 사람이 있어요? 말씀을 하시나요?

NAT. (*impatiently*) Why, everyone knows what Father looks for, man! The ship, of course.

HIGGINS. What ship?

NAT. His ship—the Mary Allen—named for my dead mother.

HIGGINS. But—I don't understand—Is the ship long overdue—or what?

NAT. Lost in a hurricane off the Celebes with all on board—three years ago!

HIGGINS. (*wonderingly*) Ah. (*After a pause*) But your father still clings to a doubt—

NAT. There is no doubt for him or anyone else to cling to. She was sighted bottom up, a complete wreck, by the whaler John Slocum. That was two weeks after the storm. They sent a boat out to read her name.

HIGGINS. And hasn't your father ever heard—

NAT. He was the first to hear, naturally. Oh, he knows right enough, if that's what you're driving at. (*He bends toward the doctor—intensely*) He knows, Doctor, he knows—but he won't believe. He can't—and keep living.

냇 (*성급하게*): 아니, 아버지가 찾으시는 것을 모두가 알고 있어요! 물론, 배(船)지요.

히긴스: 어떤 배요?

냇: 아버지 배 말입니다—메리·알렌 호(號)—돌아가신 어머니 이름을 딴 것이죠.

히긴스: 그런데—알 수가 없군요—그 배가 오래 연착하고 있나요?—그렇지 않으면 무슨 일이?

냇: 허리케인으로 인해 셀레베스 섬에서 멀리 모두 배에 탄 채 실종이 됐지요—3년 전에!

히긴스 (*의아해 하며*): 그래요! (*잠시 후에*) 하지만 부친께서 여전히 의심에 매달리고—

냇: 아버지는 물론 그 밖의 다른 어느 누구도 매달릴 의심의 여지가 없습니다. 배가 완전히 난파되어 뒤집혀 있는 광경을 포경선인 존·슬로컴 호가 목격한 걸요. 그때가 바로 그 폭풍이 있고 난 2주일 후였지요. 보트를 보내서 배의 이름을 확인했으니까요.

히긴스: 그런데도 부친께선 어떤 소식도 듣지 못하셨고—

냇: 당연히, 아버지가 맨처음으로 그 소식을 들었죠. 그럼은요, 아버지도 충분히 알고 있죠, 선생님께서 캐묻고 싶은 것이 바로 그것이라면. (*의사에게 허리를 구부리며—격렬히*) 아버지는 알고 계십니다. 선생님, 알고 계세요—그렇지만 믿질 않아요. 믿을 수가 없답니다—그리고 계속 살 수가 없답니다.

HIGGINS. (*impatiently*) Come, Mr. Bartlett, let's get down to brass tacks[1]. You didn't drag me up here to make things more obscure, did you? Let's' have the facts you spoke of. I'll need them to give sympathetic treatment to his case when we get him to the asylum.

NAT. (*anxiously—lowering his voice*) And you'll come to take him away tonight—for sure?

HIGGINS. Twenty minutes after I leave here I'll be back in the car. That's positive.

NAT. And you know your way through the house?

HIGGINS. Certainly, I remember—but I don't see—.

NAT. The outside door will be left open for you. You must come right up. My sister and I will be here—with him. And you understand—Neither of us knows anything about this. The authorities have been complained to—not by us, mind—but by someone. He must never know—

HIGGINS. Yes, yes—but still I don't—Is he liable to prove violent?

NAT. No—no. He's quiet always—too quiet; but he might do something—anything—if he knows—

1) let's get down to brass tacks: 핵심으로 들어가자, 중요한 문제부터 논의하자

히긴스 (*조급히*): 자아, 바틀렛씨, 핵심으로 들어갑시다. 당신은 사태를 더욱 애매하게 만들려고 나를 여기까지 끌고 오진 않았겠죠, 그렇죠? 당신이 말했던 그 사실 얘기를 들려주세요. 부친을 정신병원에 입원시킬 경우, 호의적인 치료를 위해 내겐 그것이 필요하니까요.

냇 (*걱정스럽게—목소리를 낮춰*): 그러니까 오늘밤에 아버지를 모셔가기 위해 오실 거죠—분명히?

히긴스: 이곳을 떠나 20분 후에 자동차로 돌아오겠어요. 틀림없이요.

냇: 그리고 이 집 구조는 아세요?

히긴스: 확실하게요, 기억해요—그런데 모르겠는데—.

냇: 바깥문은 선생님을 위하여 열어두겠어요. 빨리 오셔야 합니다. 누이와 내가 여기 있겠습니다—아버지와 함께. 그리고 선생님께선 이해하시겠죠—우린 이 문제에 대해서 아무것도 모른다는 것을. 당국에 호소한 것은—아시겠어요, 우리가 아니고—다른 누군가입니다. 아버지가 결코 알아선 안 되는데—

히긴스: 예, 예—그러나 여전히 모르겠는데—부친께서 난폭한 행동이라도 저지를지 모른단 말인가요?

냇: 아니—아니요. 아버지는 항상 얌전하시죠—지나치게 얌전할 정도지요. 그렇지만 어떤 행동을 하실지 누가 알겠어요—무슨 짓이라도—만약 아버지가 아시면—

HIGGINS. Rely on me not to tell him, then; but I'll bring along two attendants in case[1]—(*He breaks off and continues in matter-of-fact tones*) And now for the facts in this case, if you don't mind, Mr. Bartlett.

NAT. (*shaking his head—moodily*) There are cases where facts—Well, here goes[2]—the brass tacks. My father was a whaling captain as his father before him. The last trip he made was seven years ago. He expected to be gone two years. It was four before we saw him again. His ship had been wrecked in the Indian Ocean. He and six others managed to reach a small island on the fringe of the Archipelago[3]—an island barren as hell, Doctor—after seven days in an open boat. The rest of the whaling crew never were heard from again—gone to the sharks. Of the six who reached the island with my father only three were alive when a fleet of Malay canoes picked them up, mad from thirst and starvation, the four of them. These four men finally reached Frisco. (*With great emphasis*) They were my father; Silas Horne, the mate; Cates, the bo'sun, and Jimmy Kanaka, a Hawaiian harpooner. Those four! (*With a forced laugh*) There are facts for you. It was in all the papers at the time—my father's story.

HIGGINS. But what of the other three who were on the island?

1) in case: (혹시라도) (…할) 경우에 대비해서, 즈음하여
2) here goes: 자 시작한다 (신나거나 위험한 일 등을 막 시작하려 할 때 하는 말)
3) the Archipelago: 다도해

히긴스: 그럼, 부친께는 알리지 않을 테니 날 믿으세요. 그리고 만일의 경우를 대비하여 두 명의 조수를 데리고 오리다—(*갑자기 말을 그쳤다가 태연한 어투로 말을 잇는다.*) 자, 이제, 괜찮으시다면, 부친에 관한 사실들을 말씀해 주세오, 바틀렛씨.

냇 (*머리를 저의며—우울하게*): 사실에 따라 경우란 것이— 자, 말씀드리지요—핵심을. 아버지는 할아버지처럼 포경선의 선장이었어요. 마지막 항해를 한 것은 7년 전이었죠. 2년 동안 항해를 할 예정이었고요. 그런데 4년 후에 그를 다시 보게 되었습니다. 그의 배는 인도양에서 난파를 당했데요. 아버지와 다른 여섯 명이 다도해의 변두리에 있는 작은 섬에 가까스로 당도하게 됐는데—지독한 불모의 섬이었답니다, 선생님—지붕도 없는 쪽배를 타고 7일 동안 표류한 끝에. 나머지 고래잡이 선원들에 대해서 결코 다시는 소식을 듣지 못했고—상어밥이 됐겠죠. 말레이 카누 선단에 의해 구출되었을 때에 아버지 함께 그 섬에 상륙한 6명 가운데, 세 명만이 살아남았는데, 네 명은 갈증과 기아로 정신이상이었답니다. 이 네 명이 마침내 프리스코에 도착했지요. (*굉장히 강조해서*) 그들은 아버지, 항해사 사일러스 · 혼, 수부장(水夫長) 케이츠, 하와이인 작살잡이 지미 · 카나카였지요. 그 네 사람 말예요—(*억지로 웃으며*) 선생님께 말씀드리려는 사실은 바로 이것입니다. 그 당시의 신문에 전부 실렸지요—제 아버지의 이야기 말입니다.

히긴스: 그러면 섬에 있었던 다른 세 사람은 어떻게 되었나요?

NAT. (*harshly*) Died of exposure[1], perhaps. Mad and jumped into the sea, perhaps. That was the told story. Another was whispered—killed and eaten, perhaps. But gone—vanished—that, undeniably. That was the fact. For the rest—who knows? And what does it matter?

HIGGINS. (*with a shudder*) I should think it would matter—a lot.

NAT. (*fiercely*) we're dealing with facts, Doctor! (*With a laugh*) And here are some more for you. My father brought the three down to this house with him—Horne and Cates and Jimmy Kanaka. We hardly recognized my father. He had been through hell and looked it. His hair was white. But you'll see for yourself[2]—soon. And the others—they were all a bit queer, too—mad, if you will[3]. (*He laughs again*) So much for the facts, Doctor. They leave off[4] there and the dreams begin.

HIGGINS. (*doubtfully*) It would seem—the facts are enough.

---

1) die of exposure: (유해물질) 노출로 인해 죽다
2) see for oneself: 직접 보다 [확인하다]
3) if you will: 말하자면
4) leave off: 중단하다, 멈추다

냇 (*거칠게*): 아마, 노출로 인해 죽었겠죠. 아마, 미쳐서 바다로 뛰어 들었는지도 몰라요. 소문이 그랬어요. 다른 소문도 있었지요—아마, 피살되어 먹혔을 거라는! 하여튼 없어졌고—사라졌다—그것만은 부인할 여지가 없습니다. 그건 사실이었으니까요. 나머지는—누가 알겠어요? 그리고 그것이 어떻든 무슨 상관입니까?

히긴스 (*몸서리치며*): 난 그게 중요한 문제라고 생각해요—매우.

냇 (*맹렬하게*): 우리는 사실을 다루고 있는 중입니다, 선생님! (*웃으면서*) 그리고 이 밖에도 더 들려줄 얘기가 있어요. 아버지는 그 세 사람을 이 집 안에 데리고 왔어요. 혼, 케이츠, 그리고 지미 · 카나카요. 아버지는 지옥을 겪고 보았지요. 머리카락은 백발이 되었고요. 아무튼 직접 확인하세요—곧. 그리고 다른 사람들도—모두 좀 이상해요, 역시—미쳤지요, 말하자면. (*다시 웃는다.*) 사실은 이정도입니다, 선생님. 사실은 거기서 그치고 그리고 꿈이 시작됩니다.

히긴스 (*애매하게*): 생각이 드네요—사실은 충분하다고요.

NAT. Wait. (*He resumes deliberately*) One day my father sent for me and in the presence of the others told me the dream. I was to be heir to the secret. Their second day on the island, he said, they discovered in a sheltered inlet the rotten, water-logged hulk of a Malay prau—a proper war-prau such as the pirates used to use. She had been there rotting—God knows how long. The crew had vanished—God knows where, for there was no sign on the island that man had ever touched there. The Kanakas went over the prau—they're devils for staying under water, you know—and they found—in two chests—(*He leans back in his chair and smiles ironically*) Guess what, Doctor?

HIGGINS. (*with an answering smile*) Treasure, of course.

NAT. (*leaning forward and pointing his finger accusingly at the other*) You see![1] The root of belief is in you, too! (*Then he leans back with a hollow chuckle*) Why, yes. Treasure, to be sure. What else? They landed it and—you can guess the rest, too—diamonds, emeralds, gold ornaments—innumerable, of course. Why limit the stuff of dream? Ha-ha! (*He laughs sardonically as if mocking himself.*)

---

1) You see!: 거봐라!

냇: 잠깐만요. (*찬찬히 얘기를 다시 시작한다.*) 어느 날 아버지는 저를 불러서 다른 사람들 앞에서 그 꿈 얘기를 해주셨어요. 제가 그 비밀을 계승할 사람이라고 말씀했죠. 아버지 말씀에 따르면, 섬에 당도한지 이틀째 되는 날, 숲으로 뒤덮인 입구에서, 말레이 프라우선(船)〔인도네시아 지방의 쾌속 범선〕의 선체가 물에 잠긴 채 썩고 있는 광경을 목격했답니다—해적들이 자주 사용하곤 하는 정말 전투용 프라우선이지요. 그 배가 거기서 썩고 있었다니까요—얼마나 오래 됐는지는 누가 알겠어요. 선원들은 사라졌고—누구도 행방을 알 도리가 없었는데, 왜냐하면 그 섬에는 사람이 그곳에 다녀간 흔적이라고는 전혀 없었으니까요. 카나카인들이 그 배를 뒤졌지요—아시다시피, 그들은 잠수의 귀신이니까요—그래서 찾아내고야 말았지요—두 개의 상자 속에서—(*의자에 기대어 얄궂게 웃는다.*)—무언지 생각해 봐요, 선생님?

히긴스 (*상응하는 미소를 지으며*): 보물이겠지요, 물론.

냇 (*몸을 앞으로 구부리며 상대방을 나무라듯이 손가락으로 가리키며*): 그것 봐요!—선생님 생각도 그렇군요, 역시—(*그리고는 공허하게 웃으며 허리를 편다.*) 예, 그렇지요. 보물이지요, 틀림없이. 달리 무엇이 있겠어요? 그들은 그걸 육지로 가져갔고 그리고—나머지는 생각할 수 있죠, 역시—다이아몬드, 에메랄드, 금제장식—물론, 수를 셀 수 없이 많은. 어찌 누가 꿈의 내용을 제한할 수 있겠습니까? 하-하! (*자신을 조롱하는 듯이 냉소적으로 웃는다.*)

HIGGINS. (*deeply interested*) And then?

NAT. They began to go mad—hunger, thirst, and the rest[1)]—and they began to forget. Oh, they forgot a lot, and lucky for them they did, probably. But my father realizing, as he told me, what was happening to them, insisted that while they still knew what they were doing they should—guess again now, Doctor. Ha-ha!

HIGGINS. Bury the treasure?

NAT. (*ironically*) Simple, isn't it? Ha-ha. And then they made a map—the same old dream, you see—with a charred stick, and my father had care of it. They were picked up soon after, mad as hatters[2)], as I have told you, by some Malays. (*He drops his mocking and adopts a calm deliberate tone again*) But the map isn't a dream, Doctor. We're coming back to facts again. (*He reaches into the pocket of his mackinaw[3)] and pulls out a crumpled paper*) Here. (*He spreads it out on the table.*)

---

1) and the rest: 그 밖의 모든 것 [기타 등등]

2) mad as hatters = mad as a hatter: 정신 이상인; 순 바보 같은, 아주 미친; 몹시 화난, 아주 미쳐서

3) *mackinaw* [mkn:]: 두꺼운 모직 반코트, 매키노 코트: 보통 바둑판 무늬의 두꺼운 나사(羅紗)로 만든 반(半)코트

히긴스 (*몹시 흥미를 느끼며*): 그 다음은요?

냇: 그들은 미치게 됐지요—굶주림, 갈증, 기타 등등 때문에—그리고서 과거를 잊어버리게 됐고요. 오, 정말이지 건망증이 대단했는데, 차라리 그렇게 된 것이 다행이었는지도 모르지요, 아마도. 그런데 아버지 말씀이, 그는 그들에게 일어나고 있던 광증을 알고 계셔서 이렇게 주장하셨답니다. 말하자면 그들이 아직 정신을 잃지 않았을 때 그들이 꼭 해야 할 것은—자 다시 한 번 맞춰보세요, 선생님. 하-하!

히긴스: 그 보석을 묻는 거지요?

냇 (*반어적으로*): 간단하지 않습니까? 하하. 그리고서 그들은 지도를 만들었어요—타다 남은 막대기로—소위 꿈 말예요, 아시다시피. 그리고 아버지가 그 지도를 맡았지요. 얼마 후에, 내가 선생님에게 말했던 대로, 그들은 아주 미쳐서 몇몇 말레이인에게 붙들렸답니다. (*조롱을 그치고 다시 침착하고 신중한 어조로*) 하지만 그 지도는 꿈이 아니에요, 선생님. 다시 사실로 돌아갑시다. (*매키노 코트의 호주머니에 손을 넣어 구겨진 종이를 꺼낸다.*) 자. (*그는 그것을 테이블 위에 편다.*)

HIGGINS. (*craning his neck eagerly*) Dammit! This is interesting. The treasure, I suppose, is where—

NAT. Where the cross is made.

HIGGINS. And here are the signatures, I see. And that sign?

NAT. Jimmy Kanaka's. He couldn't write.

HIGGINS. And below? Thats yours, isn't it?

NAT. As heir to the secret, yes. We all signed it here the morning the Mary Allen, the schooner my father had mortgaged this house to fit out[1)], set sail to bring back the treasure. Ha-ha.

HIGGINS. The ship he's still looking for—that was lost three years ago?

1) fit out: 갖추다, 채비하다, 준비하다; …을 장비하다; …에 (필요한 물건)을 갖추어 주다 [with]

히긴스 (*열심히 목을 길게 빼며*): 이런! 재밌네요. 보석이 있는 곳은 아마 —

냇: 십자가 표시가 있는 곳이지요.

히긴스: 그리고 여기 서명이 있군요. 그 표시는?

냇: 지미·카나카의 것이지요. 그는 글씨를 쓸 수 없으니까요.

히긴스: 그 아래 것은요? 그건 당신 건가요, 그렇지 않나요?

냇: 네, 그래요. 그 비밀을 계승할 사람으로서요. 아버지가 준비를 위해 이 집을 저당 잡혔던 범선 메리·알렌 호가 보물을 실어오려고 출항하던 아침 모두들 여기에 서명했지요. 하-하.

히긴스: 부친께서 여태 찾고 계시는 배지요—3년 전에 실종된?

NAT. The Mary Allen, yes. The other three men sailed away on her. Only father and the mate knew the approximate location of the islands—and I—as heir. It's—(*He hesitates, frowning*) No matter.[1] I'll keep the mad secret. My father wanted to go with them—but my mother was dying. I dared not go either.

HIGGINS. Then you wanted to go? You believed in the treasure then?

NAT. Of course. Ha-ha. How could I help it? I believed until my mother's death. Then he became mad, entirely mad. He built this cabin—to wait in—and he suspected my growing doubt as time went on. So, as final proof, he gave me a thing he had kept hidden from them all—a sample of the richest of the treasure. Ha-ha. Behold! (*He takes from his pocket a heavy bracelet thickly studded with stones and throws it on the table near the lantern.*)

HIGGINS. (*picking it up with eager curiosity—as if in spite of himself*) Real jewels?

NAT. Ha-ha! You want to believe, to. No—paste and brass—Malay ornaments.

HIGGINS. You had it looked over?

1) No matter: 상관없다 [괜찮다]

냇: 예, 그 메리 · 알렌 호요. 다른 세 사람이 그걸 타고 떠났지요. 그 섬의 대략의 위치를 알고 있는 사람은 아버지와 항해사—그리고 나지요—후계자로서. 그것은—(*주저하며 이맛살을 찌푸린다.*) 상관없어요. 난 그 터무니없는 비밀을 지킬 겁니다. 아버지도 그들과 함께 가고 싶어 했지요—하지만 어머니가 돌아가시려고 했어요. 나도 갈 엄두를 내지 못했고요.

히긴스: 그럼 당신도 가고 싶었어요? 그때 보물이 있다고 믿었나요?

냇: 물론이지요. 하-하. 어찌 믿지 않겠어요? 어머니가 돌아가실 때까지는 믿었지요. 그리고 아버지는 미쳤지요, 완전히 미쳐버렸어요. 아버지가 이 선실을 만들었어요—그 안에서 기다리려고—그리고 세월이 흐르면서 아버지는 내 의심이 점점 커지는 걸 알아차리게 되었지요. 그래서, 마지막 증거로서, 다른 사람들 모두에겐 숨겨 두었던 것을 나에게 주었죠—보물 중에서 제일 훌륭한 견본을 말예요. 하-하, 보세요! (*호주머니에서 보석들이 잔뜩 박힌 무거운 팔찌를 꺼내서 테이블 위의 랜턴 옆으로 던진다.*)

히긴스 (*호기심에 들떠 그것을 집어 들면서—무심결인양*): 진짜 보석인가요?

냇: 하-하! 선생님도 진짜로 믿고 싶어 하는군요. 아니에요—납유리와 놋쇠—말레이인의 장식품이지요.

히긴스: 조사해 보았어요?

NAT. Like a fool, yes. (*He puts it back in his pocket and shakes his head as if throwing off a burden*) Now you know why he's mad—waiting for that ship—and why in the end 1 had to ask you to take him away where he'll be safe. The mortgage—the price of that ship—is to be foreclosed. We have to move, my sister and I. We can't take him with us. She is to be married soon. Perhaps away from the sight of the sea he may—

HIGGINS. (*perfunctorily*) Let's hope for the best. And I fully appreciate your position. (*He gets up, smiling*) And thank you for the interesting story. I'll know how to humor him when he raves about[1] treasure.

NAT. (*somberly*) He is quiet always—too quiet. He only walks to and fro—watching—

HIGGINS. Well, I must go. You think it's best to take him tonight?

NAT. (*persuasively*) Yes, Doctor. The neighbors—they're far away but—for my sister's sake—you understand.

HIGGINS. I see. It must be hard on her—this sort of thing—Well—(*He goes to the door, which NAT opens for him*) I'll return presently. (*He starts to descend.*)

1) rave about: …에 대해 열심히 이야기하다

냇: 예, 어리석은 얘기지만요. (*그걸 호주머니 속에 넣고, 마치 짐을 내던지듯 머리를 흔든다.*) 이제 그가 미친 이유를 아셨지요—그 배를 기다리면서—그리고 결국 내가 선생님에게 그가 안전하게 계실 곳으로 그를 모시고 가주기를 부탁해야만 하는 이유를. 저당—그 배의 값인데—그 기한이 다 돼가고 있어요. 이사해야만 해요, 누이동생과 내가요. 아버지를 모시고 갈 수가 없어요. 누이는 곧 결혼할 예정이에요. 혹시라도 바다가 보이지 않게 되면 아버지는—

히긴스 (*형식적으로*): 잘 되길 바랍시다. 그리고 당신 입장도 충분히 알겠습니다. (*미소를 지으며 일어난다.*) 그럼, 재미있는 얘기를 해주셔서 감사합니다. 부친께서 보물에 대해 열심히 얘기할 때 어떻게 기분을 맞춰야 할지도 알겠습니다.

냇 (*우울하게*): 아버지는 언제나 조용하지요—아주 조용해요. 그저 이리저리 왔다 갔다 할 뿐이지요—바라다보면서—

히긴스: 자, 가봐야겠어요. 오늘 밤에 모셔가는 게 제일 좋겠어요?

냇 (*설득하듯이*): 그렇지요, 선생님. 이웃사람들은—떨어져 있긴 하지만—동생 때문에—아시겠지요.

히긴스: 알겠어요. 동생에겐 틀림없이 힘든 일일 거예요—이런 일이란—그럼—(*그가 문 쪽으로 가고, 냇이 문을 열어준다.*) 곧 돌아오겠어요. (*내려가기 시작한다.*)

NAT. (*urgently*) Don't fail us, Doctor. And come right up. He'll be here. (*He closes the door and tiptoes carefully to the companionway. He ascends it a few steps and remains for a moment listening for some sound from above. Then he goes over to the table, turning the lantern very low, and sits down, resting his elbow*[1], *his chin on his hand*[2], *staring somberly before him. The door in the rear is slowly opened. It creaks slightly and NAT jumps to his feet*[3]*—in a thick voice*[4] *of terror*) Who's there? (*The door swings wide open, revealing SUE BARTLETT. She ascends into the room and shuts the door behind her. She is a tall, slender woman of twenty-five, with a pale, sad face framed in a mass of dark red hair. This hair furnishes the only touch of color about her. Her full lips are pale; the blue of her wistful wide eyes is fading into a twilight gray. Her voice is low and melancholy. She wears a dark wrapper and slippers.*)

SUE. (*stands and looks at her brother accusingly*) It's only I. What are you afraid of?

NAT. (*averts his eyes and sinks back on his chair again*) Nothing. I didn't know—I thought you were in your room.

SUE. (*comes to the table*) I was reading. Then I heard someone come down the stairs and go out. Who was it? (*With sudden terror*) It wasn't—Father?

NAT. No. He's up there—watching—as he always is.

---

1) *rest one's elbow*: 양쪽 팔굽을 세우다
2) *rest one's chin on one's hand*: 손으로 턱을 괴다
3) *jump to one's feet*: 벌떡 일어서다
4) *in a thick (deep) voice*: 굵은 목소리로

냇 (*긴급히*): 제발 부탁합니다, 선생님. 빨리 오세요. 아버지는 여기 계실 겁니다. (*문을 닫고 조심스럽게 발끝으로 승강구의 계단으로 살금살금 걸어간다. 몇 걸음 올라가서 위에서 무슨 소리가 나나 귀를 기울이면서 잠시 동안 멈춘다. 그 다음에 테이블 쪽으로 가서, 랜턴의 심지를 매우 낮추고, 앉아서, 양쪽 팔꿈치를 세우고, 손으로 턱을 괴고, 앞을 우울한 표정으로 응시한다. 뒷문이 천천히 열린다. 약간 문이 삐걱거리는 소리가 나자 냇은 펄떡 일어선다—공포에 질린 굵은 목소리로*) 누구야? (*문이 활짝 열리고 수우·바틀랫이 나타난다. 그녀는 방으로 올라와 뒤로 문을 닫는다. 큰 키에 호리호리한 25세의 여자로, 파리하고 슬픈 표정의 얼굴은 풍성한 거무스레한 붉은 머리카락으로 덮여 있다. 이 머리카락이 그녀에게 유일한 빛깔다운 맛을 준다.* 〔*만록초(萬綠草) 중(中) 홍일점(紅一點)이다.*〕 *그녀의 도톰한 입술은 파리하다. 생각에 잠긴 커다랗고 푸른 눈의 색깔은 희미한 회색으로 퇴색하고 있다. 그녀의 목소리는 낮고 울적하다. 검은 래퍼*〔*몸에 휘감아서 입는 가운·치마 등*〕*에 슬리퍼 차림이다.*)

수우 (*일어서서 오빠를 나무라듯 바라다본다.*): 나예요. 무얼 두려워해요?

냇 (*시선을 돌리고 다시 의자에 털썩 앉는다.*): 아무것도 아냐. 난 몰랐다—네가 방에 있는 줄만 알았지.

수우 (*테이블 쪽으로 온다.*): 책을 읽고 있었어요. 그런데 누군가가 계단을 내려가서 나가는 소리를 들었어요. 누구였어요? (*갑자기 공포에 떨며*) 아니었죠—아버지는?

냇: 아니야. 아버진 거기 위에 계셔—주시하시며—늘 그러듯이.

SUE. (*sitting down—insistently*) Who was it?

NAT. (*evasively*) A man—I know.

SUE. What man? What is he? You're holding something back[1]. Tell me.

NAT. (*raising his eyes defiantly*) A doctor.

SUE. (*alarmed*) Oh! (*With quick intuition*) You brought him up here—so that I wouldn't know!

NAT. (*doggedly*) No. I took him up here to see how things were[2] —to ask him about Father.

SUE. (*as if afraid of the answer she will get*) Is he one of them —from the asylum? Oh, Nat, you haven't—

NAT. (*interrupting her—hoarsely*) No, no! Be still.

SUE. That would be—the last horror.

NAT. (*defiantly*) Why? You always say that. What could be more horrible than things as they are? I believe—it would be better for him—away—where he couldn't see the sea. He'll forget his mad idea of waiting for a lost ship and a treasure that never was. (*As if trying to convince himself—vehemently*) I believe this!

1) hold something back: ~을 비밀로 하다 [말하지 않다]
2) see (watch) how things are (go): 사건의 추이를 지켜보다, 형세를 살피다

수우 (*앉으며—끈질기게*): 누구예요?

냇 (*회피적으로*): 어떤 사람—내가 아는.

수우: 어떤 사람? 뭘 하는 사람예요? 오빤 뭔가를 말하지 않고 있어. 말해 줘요.

냇 (*반항적으로 눈살을 찌푸리며*): 의사야.

수우 (*놀래서*): 오! (*재빨리 알아차리고*) 오빠가 그를 여기로 데려왔지—내가 모르게!

냇 (*완고하게*): 아니야. 형세를 살펴보기 위해 그를 여기 모셔온 거야—아버지에 관해 물어보려고.

수우 (*어떤 대답을 들을지 두려워하는 듯이*): 그가 왔어요—정신병원에서? 오, 오빠, 오빠는 설마—

냇 (*말을 가로채며—쉰 목소리로*): 아니야, 아니라고! 조용히 해.

수우: 그런 짓 하면—마지막예요.

냇 (*시비조로*): 어째서? 넌 항상 그런 식으로 말하더라. 지금보다 더 지긋지긋한 상황이 어디 있단 말이야? 확실히—아버지를 위해서 그 편이 더 좋을 거야—멀리—바다가 보이지 않는 곳에 가는 것이. 실종된 배와 결코 존재하지 않았던 보물을 기다리는 미친 생각을 잊어버리게 되겠지. (*확신하려고 애쓰는 듯이—열렬히*) 난 이렇게 믿어!

SUE. (*reproachfully*) You don't, Nat. You know he'd die if he hadn'tthe sea to live with.

NAT. (*bitterly*) And you know old Smith will foreclose the mortgage. Is that nothing? We cannot pay. He came yesterday and talked with me. He knows the place is his —to all purposes[1]. He talked as if we were merely his tenants, curse him! And he swore he'd foreclose immediately unless—

SUE. (*eagerly*) What?

NAT. (*in a hard voice*[2]) Unless we have—Father—taken away.

SUE. (*in anguish*[3]) Oh, but why, why? What is Father to him?

NAT. The value of the property—our home which is his, Smith's. The neighbors are afraid. They pass by on the road at nights coming back to their farms from the town. They see him up there walking back and forth—waving his arms against the sky. They're afraid. They talk of a complaint. They say for his own good he must be taken away. They even whisper the house is haunted. Old Smith is afraid of his property. He thinks that he may set fire to the house—do anything—

SUE. (*despairingly*) But you told him how foolish that was, didn't you? That Father is quiet, always quiet.

---

1) to all intents and purposes: 사실상; 거의 완전히
2) *in a hard (rough) voice*: 언성을 높여
3) *in anguish*: 괴로운 나머지, 괴로워, 슬퍼서

수우 (*나무라듯이*): 그렇지 않아요, 오빠. 아버진 바다와 함께 하지 않으면 살지 못한다는 건 오빠도 알잖아요.

냇 (*비통하게*): 그래 스미스란 놈이 담보권을 행사하려는 걸 넌 알고 있지. 그게 아무것도 아니란 말이야? 우린 지불할 수가 없어. 어제 그 놈이 와서 나와 얘기를 했어. 그놈은 이곳이 자기 소유라는 걸 알고 있어—사실상 말이야. 그놈은 마치 우리가 단지 그의 세입자에 불과한 것처럼 말했어, 빌어먹을 놈! 그래 그놈은 곧 담보권을 행사하겠노라고 단언했어 만일—

수우 (*열렬히*): 뭐라고요?

냇 (*언성을 높여*): 만일 우리가—아버지를—데려가지 않으면.

수우 (*괴로운 나머지*): 오, 아니, 어째서요? 아버지가 그 사람과 무슨 상관이에요?

냇: 재산 가치 때문이지—그 사람, 스미스의 소유인 우리 집 말이야. 이웃사람들이 두려워하고 있어. 밤마다 마을에서 농장으로 돌아오면서 이 길을 지나거든. 그런데 아버지가 저 위에서—하늘을 향해 두 팔을 흔들면서—이리저리 걷는 걸 보지. 그들은 두려워해. 불만을 토로하고 있어. 아버지 자신을 위해서도 다른 곳으로 모셔가야만 한다고 말하지. 이 집에 심지어 유령이 출몰한다고 쑤군댄다지. 스미스란 놈은 자기 재산에 피해가 있을까 겁내고 있어. 그는 아버지가 이 집에 방화를 할지도—어떤 짓을 저지를는지도—모른다고 생각하는 모양이야.

수우 (*절망적으로*): 그럼, 오빠가 그게 매우 어리석은 생각이라는 걸 스미스에게 말했어야지요, 그렇지 않아요? 아버진 얌전하다고, 항상 얌전하시다고요.

NAT. What's the use of telling—when they believe—when they're afraid? (*SUE hides her face in her hands—a pause—NAT whispers hoarsely*) I've been afraid myself—at times.

SUE. Oh, Nat! Of what?

NAT. (*violently*) Oh, him and the sea he calls to! Of the damned sea he forced me on as a boy—the sea that robbed me of my arm and made me the broken thing I am!

SUE. (*pleadingly*) You can't blame Father—for your misfortune.

NAT. He took me from school and forced me on his ship, didn't he? What would I have been now but an ignorant sailor like him if he had had his way[1]? No. It's the sea I should not blame, that foiled him by taking my arm and then throwing me ashore—another one of his wrecks!

SUE. (*with a sob*) You're bitter, Nat—and hard. It was so long ago. Why can't you forget?

NAT. (*bitterly*) Forget! You can talk![2] When Tom comes from this voyage you'll be married and out of this with life before you—a captain's wife as our mother was. I wish you joy.[3]

1) have one's way: 뜻대로 [마음대로] 하다
2) You can talk!: 너도 큰 소리 못 친다!
3) I wish you joy: 축하합니다

냇: 말해 무슨 소용이 있어?—다들 그렇게 믿고 있는데—두려워하고 있는데. (*수우는 두 손으로 얼굴을 가린다—잠시 후—냇은 쉰 목소리로 중얼댄다.*) 내 자신도 두려운 생각이 들었어—때때로.

수우: 오, 오빠도! 무엇이?

냇 (*난폭하게*): 아아, 아버지와 아버지가 소리치는 바다 말이야! 어릴 때 아버지가 나를 억지로 끌고 갔던 빌어먹을 바다—내 팔 하나를 강탈하고 나를 박살을 낸 바다야!

수우 (*애원하듯이*): 오빠가 아버질 나무랄 순 없어요—오빠의 운이 나빠서 그렇지.

냇: 나로 하여금 학교를 그만두게 하고 억지로 뱃놈으로 만들지 않았어? 만일 아버지가 맘대로 했었더라면, 지금쯤 난 아버지처럼 무식한 뱃놈이 되어버렸을 거야. 아니야. 난 바다를 탓할 필요는 없어. 내 한 팔을 빼앗고 그리고서 나를 아버지의 또 하나의 난파선으로 해안에 내동댕이쳐서 그를 좌절시킨 바다를!

수우 (*흐느끼며*): 너무해요, 오빤—지독하셔. 매우 오래된 일이잖아요. 왜 잊을 수 없는 거예요?

냇 (*날카롭게*): 잊어버리다니! 너도 큰 소리 못 친다! 톰이 이번 항해에서 돌아오면 넌 결혼하게 될 거고, 이렇게 되면 네 앞에 전개되는 삶은—어머니처럼 선장의 아내가 되겠지. 축하한다.

SUE. (*supplicatingly*) And you'll come with us, Nat—and Father, too—and then—

NAT. Would you saddle your young husband with a madman and a cripple? (*Fiercely*) No, no, not I! (*Vindictively*) And not him, either! (*With sudden meaning—deliberately*) I've got to stay here. My book is three-fourths done—my book that will set me free! But I know, I feel, as sure as I stand here living before you, that I must finish it here. It could not live for me outside of this house where it was born. (*Stating at her fixedly*) So I will stay—in spite of hell! (*SUE sobs hopelessly. After a pause he continues*) Old Smith told me I could live here indefinitely without paying—as caretaker—if—

SUE. (*fearfully—ike a whispered echo*) If?

NAT. (*staring at her—in a hard voice*) If I have him sent—where he'll no longer harm himself—nor others.

SUE. (*with horrified dread*) No—no, Nat! For our dead mother's sake.

NAT. (*straggling*) Did I say I had? Why do you look at me—like that?

SUE. Nat! Nat! For our mother's sake!

NAT. (*in terror*) Stop! Stop! She's dead—and at peace. Would you bring her tired soul back to him again to be bruised and wounded?

SUE. Nat!

수 (*애원하듯이*): 오빠, 오빠도 같이 가요—아버지도—그리고—

냇: 네 젊은 남편에게 미치광이와 병신을 떠맡길 작정이냐? (*격렬하게*) 싫다, 싫어, 난 싫어! (*복수심이 강하게*) 아버지도 가시지 않을 거야! (*갑자기 의미 있고 신중하게*) 난 여기 남아 있어야만 돼. 내 책의 4분의 3이 끝났어—그 책으로 난 자유의 몸이 된다고—그리고 내가 그 책을 여기서 끝내야만 한다는 건 아주 확실하게 알고 있지! 그 책이 태어난 이 집을 떠나는 건 나로선 죽은 거나 마찬가지야. (*뚫어지게 그녀를 응시하며*) 그래, 난 머무를 거야—결코 굴하지 않고! (*수우는 절망적으로 흐느낀다. 잠시 후 그는 말을 잇는다.*) 스미스란 놈이 말했지. 내가 공짜로 언제까지나 여기서 살 수 있다고—관리인으로서—만일—

수우 (*두려워서—앵무새처럼 속삭인다.*): 만일에?

냇 (*그녀를 주시하며—냉담한 목소리로*): 만일 아버지를 보내기만 하면—아버지 자신도 고통을 겪지 않고—다른 사람도 괴롭히지 않는 곳에—

수우 (*공포에 질려*): 안돼요—안돼요, 오빠! 어머니의 혼을 위해서도.

냇 (*괴로워하며*): 보내버렸다고는 말하지 않았는데. 어찌 나를 노려보냔 말이야—그런 눈초리로.

수우: 오빠! 오빠! 어머니 생각을 해서라도!

냇 (*두려워서*): 그만! 그만두라니까—어머니는 돌아가시고—조용히 주무시고 계신데. 넌 어머니의 지친 혼을, 다시 한 번 불러들여, 때리고 상처를 낼 작정이냐?

수우: 오빠!

NAT. (*clutching at his throat as though to strangle something within him—hoarsely*) Sue! Have mercy! (*His sister stares at him with dread foreboding. NAT calms himself with an effort and continues deliberately*) Smith said he would give two thousand cash if I would sell the place to him—and he would let me stay, rent-free, as caretaker.

SUE. (*scornfully*) Two thousand! Why, over and above the mortgage it's worth—

NAT. It's not what it's worth. It's what one can get, cash—for my book—for freedom!

SUE. So that's why he wants Father sent away, the wretch! He must know the will Father made—

NAT. Gives the place to me. Yes, he knows. I told him.

SUE. (*dully*) Ah, how vile men are!

NAT. (*persuasively*) If it were to be done—if it were, I say—there'd be half for you for your wedding portion. That's fair.

SUE. (*horrified*) Blood-money! Do you think I could touch it?

NAT. (*persuasively*) It would be only fair. I'd give it you.

SUE. My God, Nat, are you trying to bribe me?

냇 (*자기 내부에 있는 무언가를 교살하려는 듯이 자기 목을 조르면서—쉰 목소리로*): 수우! 제발! 부탁이야. (*그녀는 불길한 예감에 사로잡혀, 가만히 그를 노려본다. 냇은 애써 마음을 가라앉히고, 신중하게 말을 잇는다.*) 스미스는 말하길, 이 집을 그놈에게 팔면, 현금으로 2천불을 내겠다고—게다가 관리인으로 이 집에 무료로 있게 해 주겠노라고.

수우 (*비웃듯이*): 2천불이라고요! 어머나, 어찌 저당금 이상의 값을!

냇: 그 가치는 문제가 아냐. 손에 들어오는 현금이 문제지—내 책을 위해서—자유를 위해서!

수우: 아아, 그래서 그 사람은 아버지를 내쫓으려고 기를 쓰는군요. 빌어먹을 놈 같으니! 그 사람은 틀림없이 알고 있군요, 아버지 유언을—.

냇: 이 집을 내게 양도한다는 것 말이야? 응, 그럼. 내가 말했지.

수우 (*맥없이*): 아아, 남자들이란 얼마나 비겁한지 몰라요!

냇 (*달래듯이*): 만일 그렇게 된다면—만약에, 말이야—반은 네 결혼 몫으로 줄 테야. 그게 공평하지.

수우 (*깜짝 놀라며*): 보상금 격이군요! 그런 돈에 내가 손가락 하나 까딱할 줄 아세요?

냇 (*타이르듯이*): 공평한 거야. 그걸 네게 주마.

수우: 맙소사, 오빠, 저를 매수하려고 하세요?

NAT. No. It's yours in all fairness[1]. (*With a twisted smile*) You forget I'm heir to the treasure, too, and can afford to be generous. Ha-ha.

SUE. (*alarmed*) Nat! You're so strange. You're sick, Nat. You couldn't talk this way if you were yourself. Oh, we must go away from here—you and father and I! Let Smith foreclose. there'll be something over the mortgage; and we'll move to some little house—by the sea so that father—

NAT. (*fiercely*) Can keep up his mad game with me—whispering dreams in my ear—pointing out to sea—mocking me with stuff like this! (*He takes the bracelet from his pocket. The sight of it infuriates him and he hurls it into a corner, exclaiming in a terrible voice*) No! No! It's too late for dreams now. It's too late; I've put them behind me tonight—forever!

SUE. (*looks at him and suddenly understands that what she dreads has come to pass[2]—letting her head fall on her outstretched arms with a long moan*) Then—you've done it![3] You've sold him! Oh, Nat, you're cursed!

NAT. (*with a terrified glance at the roof above*) Ssshh! What are you saying?[4] He'll be better off—away from the sea.

1) in (all) fairness: 공평히 말하자면
2) *come to pass*: 발생하다 [생기다], 실현되다
3) You've done it!: 거봐 일 저질렀구나!, 혼날 거야 (남의 실패 따위를 보고 하는 말), [구어] 저런, 실수를 했군.
4) What are you saying?: 도대체 무슨 말이냐?, 그게 무슨 말이야?

냇: 아냐. 공평히 말하자면 그건 네꺼야. (*기분 나쁜 미소를 지으며*) 넌 내가 이 보물의 상속자라는 걸 잊고 있군, 그리고 선심도 쓸 수 있다는 걸. 하하.

수우 (*놀래서*): 오빠! 오빤 어쩌면 그렇게 달라졌우. 아픈가봐, 오빠. 정상이라면 이렇게 얘기할 순 없을 텐데. 오, 우리는 여기서 떠나야만 해요—오빠하고 아버지하고 나랑! 스미스로 하여금 담보권을 실행하게 하세요. 담보 대출을 갚아도 남을 테니까요. 그러면 우린 어떤 조그만 집으로 이사 가요—바닷가에서 아버지가—.

냇 (*맹렬하게*): 나와 미친 짓을 계속할 수 있게 말이지—내 귀에 꿈을 속삭이고—바다를 가리키며—이런 것들로 나를 희롱하며 말이야! (*그는 호주머니에서 팔찌를 꺼낸다. 그걸 보자 그는 화가 나서 심하게 소리를 지르면서 그걸 한 구석으로 홱 던진다.*) 안 돼! 안 돼! 이제 꿈을 꾸기에는 이미 늦었어. 너무 늦었다니까. 난 오늘밤 꿈을 잊었어—영원히!

수우 (*오빠를 보고 갑자기 자기가 두려워하고 있었던 일이 발생한 것을 깨닫는다—긴 신음과 함께 쭉 뻗은 두 팔 위에 머리를 늘어뜨리며*): 그럼, 오빠, 일을 저질렀군! 아버지를 팔았지요! 오, 오빠, 오빠는 지독해!

냇 (*겁에 질린 눈길로 천장을 바라보며*): 쉬잇! 그게 무슨 말이야? 아버지가 좋아하실 거야—바다에서 떨어져 계시는 편이.

SUE. (*dully*) You've sold him.

NAT. (*wildly*) No! No! (*He takes the map from be his pocket*) Listen, Sue! For God's sake, listen to me! See! The map of the island (*He spreads it out on the table*) And the treasure —where the cross is made (*He gulps and his words pour out incoherently*) I've carried it about for years. Is that nothing? You don't know what it mean. It stands between me and my book. It's stood between me and life—driving me mad! He taught me to wait and hope with him—wait and hope—day after day. He made me doubt my brain and give the lie to my eyes—when hope was dead—when I knew it was all a dream—I couldn't kill it! (*His eyes starting from his head*) God forgive me, I still believe! And that's mad—mad, do you hear?

SUE. (*looking at him with horror*[1]) And that is why—you hate him!

NAT. No, I don't—(*Then in a sudden frenzy*[2]) Yes! I do hate him! He's stolen my brain! I've got to free myself, can't you see, from him—and his madness.

SUE. (*terrified—appealingly*) Nat! Don't! You talk as if—

---

1) *with horror*: 공포에 질려, 두려워서

2) *in frenzy*: 미쳐서, 격분하여

수우 (*힘없이*): 오빤, 아버지를 팔았어.

냇 (*거칠게*): 아니야! 아니야! (*호주머니에서 지도를 꺼낸다.*) 들어봐, 수우야! 제발, 내 말을 좀 들어봐! 보라고! 섬의 지도다. (*지도를 테이블 위에 편다.*) 그 보물은—십자가 표시가 있는 곳에 있어. (*꿀꺽 침을 삼키고 조리에 맞지 않게 말을 쏟아놓는다.*) 난 수년 동안이나 이걸 가지고 다녔어. 그게 아무것도 아니란 말이야? 넌 이 지도의 뜻을 몰라. 그건 나와 나의 책 사이에 놓여 있지. 나와 인생 사이에 있었어—나를 미치게 만든 거야! 아버진 내게 가르쳐 주셨어, 함께 기다리며 바라자고—기다리고 바라고—매일 같이. 아버지는 내가 내 머리를 의심하고 내 눈을 믿지 못하게 만들었어—희망이 사라졌을 때도—그게 온통 꿈이라는 것을 알았을 때도—난 희망을 죽일 수가 없었어. (*두 눈을 크게 뜨고*) 미안하지만, 난 지금도 믿고 있어! 그런데 그건 미친 짓이야—미쳤어, 듣고 있어?

수우 (*두려워 그를 바라보며*): 그래서—아버지를 미워하는군요!

냇: 아니, 그럴리가—(*그러자 갑자기 격분하여*) 그래! 난 아버지를 진짜로 증오해! 아버진 내 머리를 훔쳤어! 모르겠니, 난 아버지로부터—그리고 그의 광기로부터—내 자신을 해방시켜야 한단 말이야.

수우 (*놀래서—호소하듯이*): 오빠! 안돼요! 오빠 얘기는 마치—

NAT. (*with a wild laugh*) As if I were mad? You're right—but I'll be mad no more! See! (*He opens the lantern and sets fire to the map in his hand. When he shuts the lantern again it flickers and goes out. They watch the paper burn with fascinated eyes as he talks*) See how I free myself and become sane. And now for facts, as the doctor said. I lied to you about him. He was a doctor from the asylum. See how it burns! It must all bedestroyed—this poisonous madness. Yes, I lied to you—see—it's gone—the last speck—and the only other map is the one Silas Horne took to the bottom of the sea with him. (*He lets the ash fall to the floor and crushes it with his foot*) Gone! I'm free of it—at last! (*His face is very pale, but he goes on calmly*) Yes, I sold him, if you will[1)]—to save my soul. They're coming from the asylum to get him—(*There is a loud, muffled cry from above, which sounds like "Sail-ho," and a stamping of feet. The slide to the companionway above is slid back with a bang. A gust of air tears down into the room. NAT and SUE have jumped to their feet and stand petrified. CAPTAIN BARTLETT tramps down the stairs.*)

NAT. (*with a shudder*) God! Did he hear?

1) if you will: 말하자면

냇 (*격렬하게 웃으며*): 미친놈 같단 말이냐? 네 말이 옳아—그러나 난 더 이상 미친놈이 아니야—이봐! (*랜턴을 열고, 손에 있는 지도에 불을 붙인다. 다시 랜턴을 닫자, 불이 깜박이다가 꺼진다. 두 사람은 매료된 두 눈을 하고 종이가 타는 것을 주시하고 있다. 그는 말을 계속한다.*) 내가 어떻게 내 자신을 자유롭게 하고 제정신으로 돌아가는지 보란 말이야. 그리고 이제 사실을 의논하자, 의사가 말한 것처럼 말이야. 그 사람에 대해서 너한테 거짓말을 했어. 그는 정신병원에서 온 의사야. 어때 이것 타는 꼴이! 이건 완전히 타버려야만 해—이 유독한 광증 말이야. 그래, 난 네게 거짓말을 했지—자아—타버렸어—완전히—그리고 유일한 다른 지도는 싸일라스 호온〔메리 알렌 호(號)의 이등항해사〕과 함께 바다 밑바닥으로 가라앉고 말았어. (*재를 마루 위에 털고 발로 문지른다.*) 없어졌다! 난 그 지도에서 해방된 거야! 마침내! (*얼굴은 매우 창백하지만 침착하게 계속한다.*) 그래, 난 아버지를 팔았지, 말하자면—내 혼을 구하기 위해서. 정신병원 사람들이 아버질 데려가기 위해 올 거야—(*위에서 "배가 보인다!"라는 크지만 약한 고함소리와 발을 쿵쿵 구르는 소리가 들린다. 위의 승강구로 통하는 슬라이드가 쾅하고 열린다. 한바탕의 바람이 방안으로 몰아친다. 냇과 수우는 벌떡 일어나 겁에 질려 서있다. 바틀렛 선장이 계단을 쾅쾅거리며 내려온다.*)

냇 (*떨면서*): 이런! 들으셨을까?

SUE. Ssshh! (*CAPTAIN BARTLETT comes into the room. He bears a striking resemblance to his son, but his face is more stem and formidable, his form more robust, erect and muscular. His mass of hair is pure white, his bristly mustache the same, contrasting with the weather-beaten leather color of his furrowed face. Bushy gray brows overhang the obsessed glare of his fierce dark eyes. He wears a heavy double-breasted blue coat, pants of the same material, and rubber boots turned down from the knee.*)

BARTLETT. (*in a state of mad exultation strides toward his son and points an accusing finger at him. NAT shrinks backward a step*) Bin thinkin' me mad, did ye? Thinkin' it for the past three years, ye bin—ever since them fools on the Slocum tattled damn lie o' the Mary Allen bein' a wreck.

NAT. (*swallowing hard—chokingly*) No—Father—I—

BARTLETT. Don't lie, ye whelp! You that I'd made my heir—aimin' to git me out o' the way! Aimin' to put me behind the bars o' the jail for mad folk!

SUE. Father—no!

BARTLETT. (*waving his hand for her to be silent*) Not you, girl, not you. You're your mother.

NAT. (*very pale*) Father—do you think—I—

수우: 쉿! (*바틀렛 선장이 방안으로 들어온다. 아들과 현저하게 닮았지만 더 엄하고 무서운 얼굴과, 더욱 원기 왕성하고 곧고 근력이 있는 체구이다. 숱이 많은 머리카락과 뻣뻣한 콧수염의 순백색이 주름진 얼굴의 풍우설한에 시달린 가죽 색깔과 대조를 이룬다. 덥수룩한 회색 눈썹이 뭔가에 사로잡힌 듯이 반짝이는 맹렬한 검은 눈 위에 매달려 있다. 묵직한 두 줄 단추식의 청색 코트에다 같은 천으로 만든 바지를 입고, 무릎에서 접어 젖힌 고무장화를 신고 있다.*)

바틀렛 (*미친 듯이 기뻐서 어쩔 줄 몰라하며 아들에게 성큼성큼 걸어가 힐난하는 듯이 그에게 손가락질 한다. 냇은 한 발자국 뒤로 움추리며 물러선다.*): 나를 미친놈으로 생각해 오고 있지, 그렇지? 지난 3년 동안 그렇게 생각했지—그 슬로컴 호의 바보들이 메리 알렌 호가 난파됐다고 거짓 고자질을 했던 이래로 말이야.

냇 (*침을 꿀꺽 삼키고—목멘 소리로*): 아닙니다—아버지—전—

바틀렛: 거짓말 마라, 빌어먹을 자식! 내 재산을 물려받게 해 주었는데 넌—나를 제거하려고 하지! 미친놈들을 위한 감방의 창살 속에 날 집어넣을 작정이지!

수우: 아버지—그렇지 않아요!

바틀렛 (*손을 저어 딸을 조용하게 한다.*): 넌 아냐, 얘야, 넌 아니라니까. 넌 네 어미 같아.

냇 (*몹시 창백해서*): 아버지—아버가 생각하시기엔—전—

BARTLETT. (*fiercely*) A lie in your eyes! I bin a-readin' 'em. My curse on you!

SUE. Father! Don't!

BARTLETT. Leave me be, girl. He believed, didn't he? And ain't he turned traitor—mockin' at me and sayin' it's all a lie—mockin' at himself, too, for bein' a fool to believe in dreams, as he calls 'em.

NAT. (*placatingly*) You're wrong, Father. I do believe.

BARTLETT. (*triumphantly*) Aye, now ye do! Who wouldn't credit their own eyes?

NAT. (*mystified*) Eyes?

BARTLETT. Have ye not seen her, then? Did ye not hear me hail?

NAT. (*confusedly*) Hail? I heard a shout. But—hail what?—seen what?

BARTLETT. (*grimly*) Aye, now's your punishment, Judas. (*Explosively*) The Mary Allen, ye blind fool, come back from the Southern Seas—come back as I swore she must!

SUE. (*trying to soothe him*) Father! Be quiet. It's nothing.

바틀렛 (*격렬히*): 네 두 눈의 거짓말을! 난 읽고 있어. 빌어먹을 놈 같으니!

수우: 아버지! 참으세요!

바틀렛: 가만있어라, 넌. 저놈이 믿었다고? 그리고 배신자가 되고—날 조롱하고 모두가 거짓이라고 말하고—그 놈이 꿈이라고 부르듯이, 저 자신마저도 꿈을 믿는 바보로 조롱하고 있잖아.

냇 (*달래듯이*): 그렇지 않아요, 아버지. 저는 정말 믿어요.

바틀렛 (*의기양양해서*): 그럼, 이번엔 믿지! 자기 자신의 눈을 믿지 않을 사람이 어디 있단 말이냐?

냇 (*얼떨떨하게*): 눈이라고요?

바틀렛: 그럼, 아직 그걸 못 봤단 말이냐? 내 환호 소리를 못 들었단 말이냐?

냇 (*어리둥절해서*): 환호 소리라고요? 큰 소리를 듣긴 했습니다만—무슨 환호 말씀이죠?—뭘 보셨어요?

바틀렛 (*엄하게*): 에이, 이제 네놈에게 천벌이 내릴 게다. 배반자 같은 놈아. (*폭발하듯이*) 이 눈 뜬 장님아, 메리 알렌 호가 남해에서 돌아왔어—내가 틀림없다고 맹세했듯이 돌아왔다고!

수우 (*아버지를 달래려고 애를 쓰며*): 아버지! 진정하세요. 그건 아무것도 아네요.

BARTLETT. (*not heeding her—his eyes fixed hypnotically on his son's*) Turned the pint a half-hour back—the Mary Allen loaded with gold as I swore she would be—carryin' her lowers—not a reef in 'em—makin' port, boy, as I swore she must—too late for traitors, boy, too late!—droppin' her anchor just when I hailed her.

NAT. (*a haunted, fascinated look in his eyes, which are fixed immovably on his father's*) The Mary Allen! But how do you know?

BARTLETT. Not know my own ship! 'Tis you're mad!

NAT. But at night—some other schooner—

BARTLETT. No other, I say! The Mary Allen—clear in the moonlight. And heed this: D'you call to mind the signal I gave to Silas Horne if he made this port o' a night?

NAT. (*slowly*) A red and a green light at the mainmast-head.

BARTLETT. (*triumphantly*) Then look out if ye dare! (*He goes to the porthole, left forward*) Ye can see it plain from here. (*Commandingly*) Will ye believe your eyes? Look—and then call me mad! (*NAT peers through the porthole and starts back, a dumbfounded expression on his face.*)

NAT. (*slowly*) A red and a green at the mainmast-head. Yes—clear as day[1].

1) clear as day: 명명백백한

바틀렛 (*그녀에게 주의를 기울이지 않고—그의 두 눈이 최면에 걸린 듯이 아들의 눈에 고정된 채*): 30분 전에 저 갑(岬: 바다 쪽으로, 부리 모양으로 뾰족하게 뻗은 육지)을 지났어—메리 알렌 호는 내가 그럴 거라고 맹세한 것처럼 황금을 싣고—돛을 내리고—완전히 돛을 내리고—글쎄, 내가 틀림없다고 맹세한 것처럼 귀항하고 있다—배반자에겐 너무 늦었어, 맙소사, 너무 늦었다니까! 내가 배에게 환호를 보냈을 때 막 닻을 내리고 있었어.

냇 (*그의 두 눈에 무엇인가에 홀리고 매료된 눈초리로 아버지의 눈을 꼼짝 않고 주시하며*): 메리 알렌 호가요! 그런데 어떻게 그걸 아세요?

바틀렛: 내 배를 몰라보다니! 미친놈은 네놈이다!

냇: 하지만 밤이라서—어떤 다른 범선일 수도—

바틀렛: 다름 아닌 바로 그 배야, 분명히! 메리 알렌 호야—달빛으로 똑똑히 봤어. 그리고 잘 들어봐. 밤에 이 항구에 들어오게 되면 어떤 신호를 하라고 내가 싸일라스 호온에게 일렀는지 기억나냐?

냇 (*천천히*): 큰 돛대 꼭대기에 적색과 녹색 불빛이지요.

바틀렛 (*의기양양하게*): 그럼 용기가 있으면, 밖을 내다 봐라! (*그는 왼쪽 전방의 현창으로 간다.*) 여기서 분명히 볼 수 있다. (*명령조로*) 네 눈으로 봐야 믿겠지? 봐라—그리고 나서 날 미치광이라고 불러라! (*냇은 현창으로 들여다보고 어안이 벙벙한 표정으로 뒷걸음친다.*)

냇 (*천천히*): 큰 돛대 꼭대기에 적색과 녹색의 불빛. 맞아요—명명백백합니다.

SUE. (*with a worried look at him*) Let me see. (*She goes to the porthole.*)

BARTLETT. (*to his son with fierce satisfaction*) Aye, ye see now clear enough—too late for you. (*NAT stares at him spellbound*) And from above I saw Horne and Cates and Jimmy Kanaka plain on the deck in the moonlight lookin' up at me. Come! (*He strides to the companionway, followed by NAT. The two of them ascend. SUE turns from the porthole, an expression of frightened bewilderment on her face. She shakes her head sadly. A loud "Mary Allen, ahoy!" comes from above in BARTLETT'S voice, followed like an echo by the same hail from NAT. SUE covers her face with her hands, shuddering. NAT comes down the companionway, his eyes wild and exulting.*)

SUE. (*brokenly*) He's bad tonight, Nat. you're right to humor him. It's the best thing.

NAT. (*savagely*) Humor him? What in hell do you mean?

SUE. (*pointing to the porthole*) There's nothing there, Nat. There's not a ship in harbor.

NAT. You're a fool—or blind! The Mary Allen's there in plain sight of anyone, with the red and the green signal-lights. Those fools lied about her being wrecked. And I've been a fool, too.

수우 (*그에게 걱정스런 표정을 지으며*): 저도 보게 해줘요. (*그녀는 현창으로 간다.*)

바틀렛 (*강한 만족감으로 아들에게*): 그래, 지금 매우 분명히 보이지— 소 잃고 외양간 고치는 격이지만. (*냇은 매혹된 듯이 그를 물끄러미 바라본다.*) 그리고 난 위에서 호온과 케이츠와 지미 카나카가 나를 쳐다보면서 달빛을 받으며 갑판 위에 있는 것을 똑똑히 보았어. 자! (*그는 성큼 성큼 승강구 쪽으로 걸어가고, 냇이 뒤따라간다. 두 사람은 계단을 오른다. 수우는 현창에서 돌아서서 놀래고 당황한 표정을 짓는다. 슬픈 듯이 머리를 흔든다. 위에서 큰 소리로 "어어이, 메리 알렌!"하고 부르는 바틀렛의 목소리가 들리고, 냇이 내는 것 같은 환호의 메아리가 이어진다. 수우는 두 손으로 얼굴을 가리고, 몸부림친다. 냇이 승강구를 내려오는데, 흥분하고 환희에 넘친 눈을 하고 있다.*)

수우 (*띄엄띄엄*): 오늘밤 아버지가 이상해, 오빠. 오빠가 아버지 비위를 맞춰줘야 해. 그게 제일 좋겠어요.

냇 (*사납게*): 비위를 맞춘다고? 도대체 무슨 뜻이냐?

수우 (*현창을 가리키며*): 저긴 아무것도 없잖아요, 오빠. 항구에 배 같은 거라곤 하나도 없어요.

냇: 넌 바보다—그렇잖으면 장님이고. 메리 알렌 호가 누구의 눈에도 저기에 확실히 보이지 않니, 적색과 녹색 신호등과 함께. 바보 같은 놈들이 메리 알렌 호가 난파를 당했다고 거짓말을 했었어. 그리고 나도 역시 바보였고.

SUE. But, Nat, there's nothing. (*She goes over to the porthole again*) Not a ship. See.

NAT. I saw, I tell you.[1] From above it's all plain. (*He turns from her and goes back to his seat by the table. SUE follows him, pleading frightenedly.*)

SUE. Nat!You mustn't let this—You're all excited and trembling, Nat. (*She puts a soothing hand on his forehead.*)

NAT. (*pushing her away from him roughly*) You blind fool! (*Bartlett comes down the steps of the companionway. His face is transfigured with the ecstasy of a dream come true.*)

BARTLETT. They're lowered a boat—the three—Horne and Cates and Jimmy Kanaka. They're a-rowin' ashore. I heard the oars in the locks. Listen! (*A pause.*)

NAT. (*excitedly*) I hear!

SUE. (*who has taken the chair by her brother—in a warning whisper*) It's the wind and sea you hear, Nat. Please!

1) I tell you: 정말이다 (놀라움, 믿기 어려움을 강조하는 말)

수우: 그렇지만, 오빠, 저긴 아무것도 없어요. (*다시 현창 쪽으로 간다.*) 배가 없다니까요. 보세요.

냇: 정말이지, 보았다니까. 위에선 정말 확실해. (*그는 수우로부터 몸을 돌려 테이블 옆 그의 자리로 돌아간다. 수우는 따라가며 겁에 질려 애원한다.*)

수우: 오빠! 이래선 안돼요—너무 흥분해서 떨고 있어요, 오빠. (*그를 달래려는 듯이 그의 이마에 손을 놓는다.*)

냇 (*그로부터 그녀를 거칠게 뿌리치며*): 이 눈 뜬 장님아! (*바틀렛이 승강구의 계단을 내려온다. 꿈이 실현된 황홀감에 취해 안색이 바뀌었다.*)

바틀렛: 보트를 내렸어—그 셋이서—호온, 케이츠, 지미 카나카가 말이야. 해안으로 노를 젓고 있어. 수문에서 노 젓는 소리를 들었다니까. 들어보라고! (*사이*)

냇 (*흥분해서*): 들립니다!

수우 (*오빠 옆의 의자에 앉아서—경고하듯이 속삭인다.*): 들리는 건 바람과 바다 소리예요, 오빠. 제발!

BARTLETT. (*suddenly*) Hark! They've landed. They're back on earth again as I swore they'd come back. They'll be a-comin' up the path now. (*He stands in an attitude of rigid attention. NAT strains forward in his chair. The sound of the wind and sea suddenly ceases and there is a heavy silence. A dense green glow floods slowly in rhythmic waves like a liquid into the room—as of great depths of the sea faintly penetrated by light.*)

NAT. (*catching at his sister's hand—chokingly*) See how the light changes! Green and gold! (*He shivers*) Deep under the sea! I've been drowned for years! (*Hysterically*) Save me! Save me!

SUE. (*patting his hand comfortingly*) Only the moonlight, Nat. It hasn't changed. Be quiet, dear, it's nothing. (*The green light grows deeper and deeper.*)

BARTLETT. (*in a crooning, monotonous tone*) They move slowly —slowly. They're heavy, I know[1], heavy—the two chests. Hark! They're below at the door. You hear?

NAT. (*starting to his feet*[2]) I hear! I left the door open.

BARTLETT. For them?

NAT. For them.

---

1) I know: 맞아 [그래] (동의공감을 나타냄)
2) *start to one's feet*: 갑자기 일어서다, 깜짝 놀라 일어서다

바틀렛 (*갑자기*): 들어라! 그들이 상륙했다. 그들이 돌아오리라고 내가 맹세한 것처럼 그들이 다시 육지에 돌아왔다. 이제 저 길을 걸어오겠지. (*그는 부동자세로 서 있다. 냇은 긴장해서 의자에서 몸을 앞으로 내민다. 바람과 바다 소리가 갑자기 그치고 무거운 침묵이 흐른다. 진한 녹색의 광채가 액체처럼 율동적인 물결이 되어 서서히 방안으로 흘러들어온다—빛이 희미하게 비치는 깊은 해저처럼.*)

냇 (*동생의 손을 꽉 잡으며—헐떡이는 목소리로*): 불빛의 변화 좀 봐! 녹색과 황금색이야! (*전율한다.*) 깊은 바다 속! 난 수년 동안 빠져있었지! (*신경질적으로*) 사람 살려! 사람 살려!

수우 (*달래듯이 그의 손을 매만지며*): 그저 달빛일 뿐이에요, 오빠. 변한 게 아니에요. 진정하세요, 오빠, 아무것도 아니니까요. (*녹색 빛이 점점 더 진해진다.*)

바틀렛 (*중얼대는 듯한 단조로운 목소리로*): 저 사람들이 천천히 오는군—천천히. 무겁지, 그래, 무거울 거야—그 두 개의 상자가. 잘 들어봐! 문턱에 왔군. 들리니?

냇 (*깜짝 놀라 일어서며*): 들리고말고요! 제가 문을 열어놨는걸요.

바틀렛: 저들을 위해?

냇: 그래요.

SUE. (*shuddering*) Ssshh! (*The sound of a door being heavily slammed is heard from way down in the house.*)

NAT. (*to his sister—excitedly*) There! You hear?

SUE. A shutter in the wind.

NAT. There is no wind.

BARTLETT. Up they come! Up, bullies! They're heavy—heavy! (*The madding of bare feet sounds from the floor below—then comes up the stairs.*)

NAT. You hear them now?

SUE. Only the rats running about. It's nothing, Nat.

수우 (*몸서리치며*): 쉿! (*문이 쾅하고 심하게 닫치는 소리가 집 아래에서 들린다.*)

냇 (*누이에게—흥분해서*): 자! 들리니?

수우: 덧문이 바람 때문에.

냇: 무슨 바람이 분다고 그래.

바틀렛: 올라온다! 올라오게, 모두들! 상자가 무겁지—무겁고말고! (*미친 듯이 구는 맨발소리가 아래층 마루에서 들린다—곧 이어 계단을 올라온다.*)

냇: 지금은 들리니?

수우: 쥐들이 이리저리 돌아다닐 뿐예요. 아무것도 아녜요, 오빠.

BARTLETT. (*rushing to the door and throwing it open*[1]) Come in, ads, come in!—and welcome home! (*The forms of SILAS HORNE, CATES, and Jimmy KANAKA rise noislessly into the room from the stairs. The last two carry heavy inlaid chests. HORNE is a parrot-nosed, angular old man dressed in gray cotton trousers and a singlet torn open across his hairy chest. JIMMY is a tall, sinewy bronzed young Kanaka. He wears only a breechcloth. CATES is squat and stout and is dressed in dungaree pants and a shredded white sailor'sblouse, stained with iron-rust. All are in their bare feet. Water drips from their soaked and rotten clothes. Their hair is matted, intertwined with slimy strands of sea-weed. Their eyes, as they glide silently into the room, stare frightfully wide at nothing. Their flesh in the green light has the suggestion of decomposition. Their bodies sway limply, nervelessly, rhythmically as if to the pulse of long swells of the deep sea.*)

NAT. (*making a step toward them*) See! (*Frenziedly*) Welcome home, boys.

SUE. (*grabbing his arm*) Sit down, Nat. It's nothing. There's no one there. Father—sit down!

---

1) *throw a door open*: 문을 활짝 열다

바틀렛 (*문으로 돌진해서 문을 활짝 연다.*): 들어오게, 여러분, 자아 들어오래도!—잘들 왔네! (*싸일라스 호온, 캐츠 그리고 지미 카나카의 형상이 소리 없이 계단에서 방안으로 들어온다. 마지막 두 사람이 무늬를 세긴 무거운 상자를 나른다. 호온은 앵무새 같은 코에다가 뼈가 앙상한 노인으로, 회색 무명 바지와 털투성이의 가슴을 가로질러 찢긴 러닝셔츠를 입고 있다. 지미는 키가 크고 근육질이며 구릿빛 피부를 한 젊은 카나카 토인이다. 허리에 두르는 천만 차고 있을 뿐이다. 캐츠는 땅딸막하고 통통하며 거친 무명천으로 만든 바지에다 남루한 흰색 수부용 블라우스를 입고 있는데 녹물이 들어 있다. 모두 맨발이다. 흠뻑 젖고 썩은 옷에서 물방울이 떨어진다. 머리칼은 미끄러운 해초 가닥으로 엉겨 붙고 뒤얽혀 있다. 그들은 조용하게 미끄러지듯 방으로 들어와서, 놀랜 듯이 큰 눈으로 허공을 응시한다. 녹색 조명을 받은 그들의 육체는 부패해 가는 듯이 보인다. 그들의 신체는 심해의 긴 물결이 만들어 내는 맥박에 맞추는 양, 활기 없이, 무감각하게, 율동적으로 흔들린다.*)

냇 (*그들을 향해 한 발자국 다가가면서*): 자아! (*몹시 흥분해서*) 어서들 오게나!

수우 (*그의 팔을 붙잡고*): 앉으세요. 오빠. 아무것도 아니에요. 거기 아무도 없어요. 아버지—앉으세요!

BARTLETT. (*grinning at the three and putting his finger to his lips*) Not here, boys, not here—not before him. (*He points to his son*) He has no right, now. Come. The treasure is ours only. We'll go away with it together. Come. (*He goes to the companionway. The three follow. At the foot of it HORNE puts a swaying hand on his shoulder and with the other holds out a piece of paper to him. BARTLETT takes it and chuckles exultantly*) That's right—for him—that's right! (*He ascends. The figures sway up after him.*)

NAT. (*frenziedly*) Wait! (*He struggles toward the companionway.*)

SUE. (*trying to hold him back.*) Nat—don't! Father—come back!

NAT. Father! (*He flings her away from him and rushes up the companionway. He pounds against*[1] *the slide, which seems to have been shut down on him.*)

SUE. (*hysterically—runs wildly to the door in rear*) Help! help! (*As she gets to the door DOCTOR HIGGINS appears, hurrying up the stairs.*)

HIGGINS. (*excitedly*) Just a moment, Miss. What's the matter?

SUE. (*with a gasp*) My father—up there!

1) *pound against*: …을 마구 두드리다

바틀렛 (*세 사람에게 싱긋 웃고 입술에 손가락을 대고*): 여기선 안 돼, 이보게들. 여기선 안 된다니까—저놈 앞에선. (*그의 아들을 가리킨다.*) 저놈에겐 권리가 없어, 이제. 이리 오게. 보물은 우리들만의 것일세. 우리 함께 그걸 가지고 다른 곳으로 가자고. 어서. (*승강구로 간다. 세 사람은 뒤따라간다. 승강구 밑에서 호온은 흔들리는 손을 바틀렛의 어깨에 올려놓고 다른 한 손으로는 한 장의 종이를 그에게 제시한다. 바틀렛은 그것을 받아들고 크게 기뻐하며 낄낄 웃는다.*) 그게 좋아—그놈에겐—그게 좋아! (*그가 계단을 올라간다. 세 사람의 모습이 그의 뒤를 따라 흔들린다.*)

냇 (*열광하여*): 기다려! (*승강구로 가려고 기를 쓴다.*)

수우 (*그를 말리려고 애를 쓰며*): 오빠—안돼요! 아버지—돌아오세요!

냇: 아버지! (*그녀를 떨쳐버리고 승강구로 돌진한다. 그가 오지 못하도록 폐쇄된 것처럼 보이는 슬라이드를 마구 두드린다.*)

수우 (*신경질적으로—뒷문으로 미친 듯이 달려간다.*): 도와주세요! 도와주세요! (*그녀가 문에 이르자 히긴스 의사가 계단을 서둘러 올라와 나타난다.*)

히긴스 (*흥분해서*): 잠깐만, 아가씨. 무슨 일이세요?

수우 (*숨을 헐떡이며*): 아버지가—저 위에!

HIGGINS. I can't see—where's my flash. Ah. (*He flashes it on her terror-stricken face, then quickly around the room. The green. glow disappears. The wind and sea are heard again. Clear moonlight floods through the portholes. HIGGINS springs to the companionway. NAT is still pounding*) Here, Bartlett. Let me try.

NAT. (*coming down—looking dully at the doctor*) They've locked it. I can't get up.

HIGGINS. (*looks up—in an astonished voice*) What's the matter, Bartlett? It's all open. (*He starts to ascend.*)

NAT. (*in a voice of warning*) Look out, mam. Look out for them!

HIGGINS. (*calls down from above*) Them? Who? There's no one here. (*Suddenly—in alarm*) Come up! Lend a hand[1] here! He's fainted! (*NAT goes up slowly. SUE goes over and lights the lantern, then hurries back to the foot of the companionway with it. There is a scuffling noise from above. They reappear, carrying CAPTAIN BARTLETT'S body.*)

HIGGINS. Easy now! (*They lay him on the couch in rear. SUE sets the lantern down by the couch. HIGGINS bends and listens for a heartbeat. Then he rises, shaking his head.*) I'm sorry—

SUE. (*dully*) Dead?

---

1) lend a hand: 도움을 주다

히긴스: 안 뵈는 걸요—내 손전등은 어디 있지? 아 여기 있군. (*손전등으로 그녀의 공포에 사로잡힌 얼굴을 비추고, 이어서 재빨리 방안을 비춰본다. 녹색 불빛이 사라진다. 바람과 바다 소리가 다시 들린다. 밝은 달빛이 현창들을 통해 흘러들어온다. 히긴스가 승강구로 달려간다. 냇은 여전히 두드리고 있다.*) 자아, 아가씨. 내가 해볼 게요.

냇 (*내려와서—멍하니 의사를 바라본다.*): 자물쇠를 잠갔어요. 올라갈 수가 없어요.

히긴스 (*올려다본다—놀랜목소리로*): 어찌 된 거요, 냇? 열려 있는데요. (*올라가기 시작한다.*)

냇 (*경고하는 목소리로*): 조심하세요! 저놈들을 조심하세요!

히긴스 (*위에서 아래로 소리친다.*): 저놈들? 누구 말입니까? 여긴 아무도 없는데요. (*갑자기—놀라서*) 올라오세요! 여기 와서 도와주세요! 부친께서 기절하셨어요! (*냇은 천천히 올라간다. 수우는 랜턴이 있는 데로 가서 불을 켜가지고 승강구 밑으로 서둘러 돌아온다. 위에서 옥신각신하는 소리가 들린다. 그들은 바틀렛 선장의 신체를 운반하며 다시 나타난다.*)

히긴스: 이젠 됐어요! (*그를 뒤의 긴 의자 위에 눕힌다. 수우는 랜턴을 긴 의자의 옆에 놓는다. 히긴스는 허리를 구부리고 심장의 고동을 듣는다. 그리고 일어서서 머리를 흔든다.*) 죄송하지만—

수우 (*힘없이*): 돌아가셨어요?

HIGGINS. (*nodding*) Heart failure, I should judge. (*With an attempt at consolation*) Perhaps it's better so, if—

NAT. (*as if in a trance*[1)]) There was something Horne handed him. Did you see?

SUE. (*wringing her hands*[2)]) Oh, Nat, be still! He's dead. (*To HIGGINS with pitiful appeal*) Please go—go—

HIGGINS. There's nothing I can do?

SUE. Go—please—(*HIGGINS bows stiffly and goes out. NAT moves slowly to his father's body, as if attracted by some irresistible fascination.*)

NAT. Didn't you see? Horne handed him something.

SUE. (*sobbing*) Nat! Nat! Come away! Don't touch him, Nat! Come away. (*But her brother does not heed her. His gaze is fixed on his father's right hand, which hangs downward over the side of the couch. He pounces on*[3)] *it and forcing the clenched fingers open with a great effort, secures a crumpled ball of paper.*)

---

1) *in a trance*: 정신이 딴 데 팔려
2) *wring one's hands*: (절망 따위로) 자기의 양손을 쥐어짜다 [잡고 비비다], (불운한 경우운명 등을) 개탄하다 (over)
3) *pounce on*: …에 덮치다, 덤벼들다, (남의 말행동을) 즉각 물고 늘어지다

히긴스 (*고개를 끄덕이며*): 심장마비라고 생각합니다만. (*위로하려고 노력하며*) 아마 그게 더 좋았을는지도, 만일—

냇 (*정신이 다른 데 팔린 듯*): 호온이 아버지께 뭔가를 건냈어요. 보았나요?

수우 (*개탄하며*): 오, 오빠, 조용하세요! 아버진 돌아가셨어요. (*히긴스에게 애원하듯*) 제발 가요—가세요—

히긴스: 내가 할 수 있는 일이 없을까요?

수우: 가세요—제발—(*히긴스는 딱딱하게 목례를 하고 나간다. 냇은 마치 어떤 압도적인 매혹에 끌린 듯 그의 아버지 시체 쪽으로 천천히 움직인다.*)

냇: 너 못 봤니? 호온이 아버지께 뭔가를 전했는데.

수우 (*흐느끼며*): 오빠! 오빠! 저리 가세요! 아버지 시신에 손대지 마세요, 오빠! 저리 가세요. (*그러나 그녀의 오빠는 그녀에게 귀를 기울이지 않는다. 그의 시선은, 긴 의자의 옆으로 처져 있는 그의 부친의 오른 손에 고정되어 있다. 그는 갑자기 부친의 오른 손을 향해 달려들어, 있는 힘을 다해 억지로 움켜쥔 손가락들을 펴고, 구겨진 종이뭉치를 빼낸다.*)

NAT. (*flourishing it above his head with a shout of triumph*) See! (*He bends down and spreads it out in the light of the lantern*) The map of the island! Look! It isn't lost for me after all! There's still a chance—my chance! (*With mad, solemn decision*) When the house is sold I'll go—and I'll find it! Look! It's written here in his handwriting: "The treasure is buried where the cross is made."

SUE. (*covering her face with her hands—brokenly*) Oh, God! Come away, Nat! Come away!

CURTAIN

냇 (*승리의 함성과 함께 그의 머리 위로 그걸 흔들어 대며*): 보라고! (*그는 허리를 구부리고 그걸 랜턴 불빛에 편다.*) 섬의 지도다! 보라니까! 결국에는 허사가 아니었어! 아직 기회는 있어—내 기회는 있단 말이야! (*미친 듯한, 엄숙한 결단으로*) 집이 팔리면 난 갈 거야—그래 찾고 말테야! 이것 좀 봐! 아버지 친필로 이렇게 적혀있어. "보물은 십자가 표시가 있는 곳에 묻혀있다." 라고.

수우 (*그녀의 두 손으로 얼굴을 가리며—띄엄띄엄*): 오, 하느님! 가요, 오빠! 가자고요!

— 막 —

조용재

원광대학교 영어영문학과 교수
한국영어영문학회, 한국셰익스피어학회
한국현대영미드라마학회, 한국드라마학회
대한영어영문학회, 국제유진오닐학회 회원 및 임원

저서
『드라마 총론』, *DRAMA*, 『영미문학과 동양정신』
『미국희곡이해』, 『영국희곡이해』

역서
조지 버나드 쇼의 『워렌 부인의 직업』, 『전쟁과 영웅』, 『바람둥이』
유진 오닐의 『수평선 너머』

유진 오닐 단막극(영한 대역)

초판 1쇄 발행 _ 2014년 4월 30일

저　　자 • 조 용 재
발 행 인 • 정 현 걸
발　　행 • 신 아 사
인　　쇄 • 현대문화
출판등록 • 1956년 1월 5일 (제9-52호)
주　　소 • 서울특별시 은평구 녹번동 28-36번지 2F
전　　화 • (02)382-6411 • 팩스 (02)382-6401
홈페이지 • www.shinasa.co.kr
E-MAIL • shinasa@daum.net

ISBN: 978-89-8396-857-9 (93840)
저자와의 협의로 인지를 생략합니다.

정가 12,000원